# LA CRÈTE

ET

# L'HELLÉNISME

PAR

H. CASTONNET DES FOSSES
ANCIEN VICE-PRÉSIDENT DE LA SOCIÉTÉ DE GÉOGRAPHIE
COMMERCIALE DE PARIS

PARIS
ANCIENNE MAISON CHARLES DOUNIOL
P. TÉQUI, SUCCESSEUR
*29, rue de Tournon, 29*

1897

# LA
# CRÈTE ET L'HELLÉNISME

# LA CRÈTE

ET

# L'HELLÉNISME

PAR

H. CASTONNET DES FOSSES
ANCIEN VICE-PRÉSIDENT DE LA SOCIÉTÉ DE GÉOGRAPHIE
COMMERCIALE DE PARIS

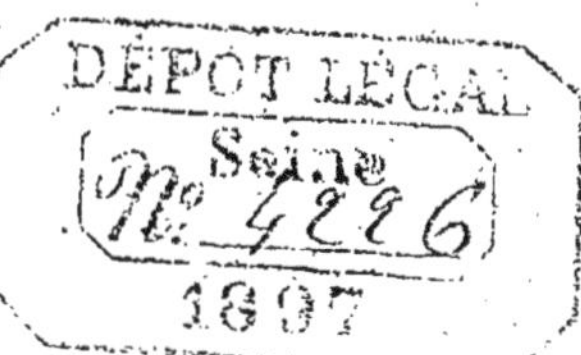

PARIS
ANCIENNE MAISON CHARLES DOUNIOL
P. TÉQUI, SUCCESSEUR
*29, rue de Tournon, 29*

—

1897

LA

# CRÈTE ET L'HELLÉNISME

## CHAPITRE PREMIER

La Crète. — Sa situation. — Son aspect. — Le climat. — Les productions. — Les animaux.

La Crète est l'une des cinq grandes îles de la Méditerranée. Sa longueur est de 260 kilomètres et sa largeur très inégale varie entre 15 à 60 kilomètres. L'on calcule que sa superficie est de 8,580 kilomètres carrés, à peu de chose près l'équivalent de la Corse, qui en possède 8,949. De toutes parts, la Crète est entourée de mers profondes, si ce n'est au nord-ouest où des bancs sous-marins la relient à Cérigo et au Péloponèse. La Crète a une situation admirable; placée entre l'Europe, l'Asie et l'Afrique, elle relie ces trois parties du monde. Son importance maritime n'avait pas échappé à Aristote qui disait : « La Crète semble être destinée par la nature à commander à toute la Grèce. Elle domine sur la mer Égée ; d'un côté, elle est peu éloignée du Péloponèse et de l'autre, vers l'Asie, elle touche Rhodes. » Strabon faisait remarquer qu'une galère ne mettait que deux jours pour se rendre des rivages crétois à la côte d'Afrique, qu'elle surveillait en quelque sorte. Les siècles se sont succédé les uns aux autres ; la navigation à vapeur a diminué les distances et la valeur maritime et commerciale de la Crète n'a fait qu'augmenter. Aux mains de l'Angleterre, cette grande île deviendrait une station militaire de premier ordre et la mer Égée un véritable lac anglais.

La Crète présente une forme très allongée, qui se fait plus large ou s'amincit suivant la hauteur des sommets correspondants de ses montagnes. Ses contours sont très irréguliers. Au nord et surtout au nord-est, la côte est très découpée et présente des baies nombreuses et de bons mouillages. Au sud, au contraire, le rivage, qui regarde l'Afrique, n'offre que de rares refuges aux navires, et s'étend, à part le golfe de Messara, presque toujours sur une ligne droite. Plusieurs îlots dépendent de cette grande terre : au nord, Djianitzadès et Psyra ; Spina Longa qui possède une forteresse ; Dhia à quelques milles de Candie et qui est habité ; Suda dans la baie du même nom ; à l'est, Élasa ; à l'ouest, Agria, Graboussa, Pontikonissi, Élaphonissi ; au sud, Gaudo, l'ancienne *Clauda,* mentionnée dans le voyage de saint Paul à Rome, le plus important, fort monstrueux, et qui a 6 kilomètres de long ; Paximadhia, Kouphonissi et Ghaïdhouronissi où l'on envoie paître les troupeaux pendant l'hiver.

Dans toute sa longueur, la Crète est traversée par une chaîne de montagnes, qui forme une véritable arête, la domine complètement et, par suite de l'élévation de ses sommets et de l'escarpement de ses contreforts, rend fort difficiles les communications. Les vallées du littoral sont presque toutes enfermées entre de hauts promontoires et n'ont d'issue facile que vers la mer. Chaque bourg ou village qui en occupe le fond ne peut avoir de rapports avec ses voisins que par d'étroits sentiers souvent impraticables durant la mauvaise saison.

Néanmoins, quoique l'île soit fort montagneuse, plusieurs plateaux importants se rencontrent et sur quelques points s'étendent de belles plaines, de grandeur médiocre, il est vrai. Deux méritent d'être signalées : la plaine de Cydonia sur le versant septentrional et celle de Messara sur le versant méridional.

La chaîne des montagnes qui traversent l'île se divise en trois massifs principaux. Au centre, s'élève le groupe le plus important que domine le mont Ida, actuellement le Psiloriti, si célèbre dans l'antiquité, et où, suivant la mythologie des Hellènes, Jupiter aurait passé son enfance. Le mont Ida est complètement isolé ; il s'élève à 2,598 mètres du niveau de la mer. A sa base, il présente la forme conique et sa cime, qui est presque toujours chargée de neiges, rappelle celle de l'Etna. Ses puissants contreforts, ses vallées verdoyantes lui donnent un aspect grandiose. De son sommet l'on domine toute la Crète, et l'on aperçoit un immense horizon d'îles et de péninsules, les rivages de la Laconie et les montagnes de l'Asie Mineure. Dans l'antiquité, le mont Ida était couvert de forêts. Aujourd'hui, il est complètement déboisé. C'est pourquoi, le voyageur Tournefort, qui la visita en **1700**, la compare à *un vilain dos d'âne tout pelé, où l'on ne voyait ni paysages, ni solitudes agréables, ni fontaines, ni ruisseaux, et qui ne nourrissait que quelques moutons et méchantes chèvres que la faim obligeait de brouter jusque-là.*

Dans la partie occidentale de l'île, le massif des montagnes qui dépasse en hauteur moyenne le massif central, quoiqu'il lui cède par ses pitons suprêmes, porte le nom de Monts Blancs ou Leucaori. Ce nom leur vient de leurs parois de calcaire qui leur donnent une couleur blanchâtre. On les appelle aussi les monts des Sphakiotes, à cause des populations doriennes restées pures de tout mélange, qui, en dépit de toutes les invasions s'y sont cantonnées. Les Monts Blancs ont été encore peu explorés. Cependant, l'on a lieu de penser que leurs sommets les plus élevés ne dépassent guère 2,500 mètres. Sur leurs hauteurs s'étendent des terrains assez unis qui pourraient nourrir une population nombreuse, s'ils n'étaient pas aussi froids. Ces montagnes sont entièrement déboisées; à peine, quelques rares bouquets d'arbres se montrent-ils çà et là au fond d'une vallée. Le massif est des plus abrupts, et souvent pour se rendre à un village, le sentier qu'il faut suivre est le lit pierreux d'un torrent qui descend en cascades. Aussi, pendant la pluie, les communications sont-elles pour la plupart interrompues, et, quand les nuages prennent une teinte sombre, qui annonce une prochaine averse, nul ne voudrait s'engager dans les gorges ou dans les ravins, sachant bien qu'il irait à une perte certaine et serait infailliblement noyé par une inondation soudaine. Nous devons signaler dans les Mont Blancs, la plaine d'Askyfo, entourée, de tous les côtés, par un rempart de chaînes circulaires, qui est un ancien lac, ainsi que le prouvent les berges encore très visibles, çà et là. Cette plaine devient inhabitable durant l'hiver, à cause des rigueurs de la température. Dans la partie orientale de l'île, les monts Lassithi et les monts Sitia constituent le troisième massif. Leur altitude ne dépasse pas 2,155 mètres, et ils sont loin d'être aussi abrupts que les autres chaînes de la Crète. Un fait à signaler, c'est que sur le versant oriental de ces montagnes, l'on retrouve d'anciennes plages dont les coquillages sont en tout semblables à ceux des grèves actuelles et prouvent que cette partie de l'île s'est exhaussée d'au moins 20 mètres pendant la période géologique moderne.

Les montagnes de Crète présentent cette singularité, que l'on y trouve peut-être plus que partout ailleurs des grottes et des cavernes remarquables par leurs dimensions. Tournefort nous dit que dans le massif central nombre de rochers sont en quelque sorte percés à jour. Les plus remarquables de ces excavations sont le Labyrinthe, au pied du mont Ida, et la grotte Mélidhoni, située dans le district de Mylopotamo à environ quatre heures de Rhetymo, et à une certaine distance de la mer. Le Labyrinthe, si célèbre dans l'antiquité, n'est autre chose qu'une série de grottes et de cavernes naturelles, d'où l'on a tiré toutes les pierres qui ont servi à la construction de la ville de Gortyne. Actuellement l'entrée en est complètement bouchée, et pour y pénétrer, il faut ramper sur le ventre, trente ou quarante mètres. L'intérieur n'a rien d'effrayant, contrairement à ce que disaient les anciens Grecs. Il est habité par une quantité innombrable de chauves-souris. Pour pénétrer dans le fameux Labyrinthe, il n'est pas nécessaire d'avoir le *fil d'Ariane*, il suffit de se faire accompagner par un bon guide et de se munir de torches enflammées. Cette excursion souterraine n'offre rien de dangereux, mais elle est très fatigante. De plus, elle présente entre autres désagréments, celui de vous exposer au contact des chauves-souris qui vous heurtent fréquemment. Les Grecs modernes racontent encore diverses légendes sur le Labyrinthe. Ils disent entre autres choses qu'au fond d'une des galeries, une porte invisible s'ouvre au moyen de paroles magiques, et donne accès à un trésor, gardé par un nègre de bronze enchanté. Pendant la guerre de l'Indépendance, de nombreux fugitifs se réfugièrent dans le Labyrinthe et purent ainsi, protégés par les superstitions populaires, échapper aux fureurs des Musulmans. Plusieurs Français ont visité le Labyrinthe, et entre autres Tournefort, en 1700, et M. G. Perrot. Nous croyons devoir reproduire la description que nous en donne Tournefort, comme étant la plus complète.

« Le Labyrinthe, nous dit-il, est un conduit

souterrain en manière de rue, lequel par mille détours, puis en tous sens, comme par hasard et sans aucune régularité, parcourt tout l'intérieur d'une colline au pied du mont Ida. On entre dans le Labyrinthe par une ouverture naturelle, large de sept à huit pas, mais si basse qu'à peine un homme de médiocre taille pourrait y passer, sans se courber. Le bas de l'entrée est fort inégal, le haut assez plat, une espèce de caverne fort rustique, et dont la pente est douce d'abord et ne marque rien de singulier; mais à mesure que l'on s'avance, ce lieu paraît tout à fait surprenant. Ce ne sont que détours dont la principale allée, qui est moins embarrassante que les autres, conduit par un chemin d'environ mille deux cents pas jusqu'au fond du Labyrinthe, à deux grandes et belles salles; quoique cette allée se fourche à son extrémité, ce n'est pas pourtant là l'endroit dangereux du Labyrinthe. C'est plutôt à son entrée, à près de trente pas de la caverne, à main gauche. Si l'on s'engage dans quelque autre rue, après avoir bien fait du chemin, on s'égare dans une infinité de recoins et de culs-de-sac, d'où l'on ne saurait se tirer sans risquer de se perdre. Nos

1.

guides suivirent cette principale allée, sans nous détourner ni à droite ni à gauche. Chacun de nous portait à la main un grand flambeau allumé. Nous fîmes, en cette allée, mille cent soixante pas ; elle est haute de 7 à 8 pieds, lambrissée d'une courbe de rochers horizontale et toute plate. Il se trouve quelques endroits où il faut baisser la tête. On rencontre même, vers le milieu de la route, un passage si étroit qu'on est obligé de marcher à quatre pattes. La grande allée est assez large pour laisser passer deux ou trois personness de front. Le pavé en est uni ; il ne faut ni beaucoup monter, ni beaucoup descendre. Les murailles sont taillées à plomb. Au fond du Labyrinthe, la grande allée se termine par deux salles d'environ 4 toises de largeur, presque rondes, taillées dans le roc. On y voit plusieurs écritures faites avec du charbon. La pierre du Labyrinthe n'est ni belle, ni dure, mais semblable à celle des montagnes au pied desquelles Gortyne est bâtie. Le Labyrinthe est un lieu sec et l'on n'y voit ni égoût, ni congélation, ni cave gouttière. »

La grotte de Mélidhoni est, quoique son nom soit à peu près ignoré en Europe, l'une des curiosités de la Crète. La forme de cette grotte est fort irrégulière; des salles et des galeries se succèdent les unes aux autres; ses aspects sont étranges et les stalactites qui se succèdent les unes aux autres prennent les formes les plus variées et les plus bizarres. Tantôt l'on dirait des colonnes, des culs-de-lampe, des tuyaux d'orgues, tantôt l'on croirait se trouver en présence de draperies et de tentures gigantesques. Comme beauté et comme grandeur, la grotte de Mélidhoni n'a rien à envier à celle d'Antiparos. Dans la haute antiquité, elle était consacrée à une vieille divinité indigène, nommée Talos, à laquelle l'on offrait des sacrifices humains. Plus tard l'on y adora Mercure. A la différence de la grotte d'Antiparos, qui rappelle un gracieux et poétique souvenir, celui de la messe de minuit que l'ambassadeur de France, à Constantinople, M. de Nointel y fit célébrer en 1673, la grotte de Mélidhoni évoque l'un des drames les plus lugubres de la guerre de l'indépendance. Dans le courant de 1822, plus de trois cents Chrétiens, la plupart des femmes, des enfants, des vieillards s'y étaient réfugiés pour échapper à la soldatesque turque. Les

Musulmans entassèrent, à l'entrée de la grotte, des matières combustibles et y mirent le feu, et tous les malheureux furent étouffés au milieu d'horribles souffrances.

La configuration de la Crète fait que l'on n'y trouve, à vrai dire, ni fleuve, ni rivière. Les cours d'eau ne sont que des torrents impétueux en hiver, desséchés en été et dont les rives sont couvertes de lauriers-roses. Les principaux sont : le Platanos, dont l'embouchure est à 12 kilomètres de la Canée ; tout à côté de Rethymo, le Stavroménvos ; un peu avant d'arriver à Candie, le Ghéofiron, le Triton des anciens, qui prend sa source au mont Ida. Nous citerons encore l'Anapodhari, qui fertilise la vallée de Rizo et l'Iéropotamo, qui arrose la plaine de Messara et a l'avantage d'être le seul qui roule toujours un peu d'eau, même pendant les grandes chaleurs. Dans toute l'île, il n'existe qu'un seul lac, celui de Hourma, situé à une vingtaine de kilomètres de la Canée, et encore mérite-t-il à peine ce nom. Il n'a que 2 kilomètres de long sur 1 kilomètre de large. Ses eaux sont très profondes et limpides. Çà et là, l'on rencontre quelques marécages. Les sources d'eau sont nombreuses et il n'est pas rare qu'elles soient situées à une altitude assez élevée.

Le climat de la Crète ne laisse rien à désirer. Il est rare qu'au bord de la mer, dans les plaines et dans les vallées, la température dépasse 30 degrés, et, du reste, la chaleur est tempérée, comme dans toutes les îles de l'Archipel, par le vent nommé *enbat*, qui souffle du nord au sud, depuis le matin jusqu'au soir. A part les montagnes et les hauts plateaux où le froid est très rigoureux, le thermomètre ne descend jamais plus bas que 7 à 8 degrés centigrades au-dessus de zéro. Il ne pleut presque jamais en été. En automne et en hiver, au contraire, les pluies sont fréquentes et souvent torrentielles. La neige commence à tomber dans les montagnes, à partir de la fin d'octobre, et elle séjourne sur les cimes les plus élevées jusqu'au mois d'avril. Pour les plaines, l'hiver ne dure que deux mois, décembre et janvier, et, dès le mois de mars, la terre se pare de fleurs et de moissons précoces. Le sol, mêlé presque partout à des débris de rochers, est varié, argileux et schisteux en certains endroits, mais généralement léger et sablonneux. Il repose sur une couche de calcaire. Le pays est salubre, et l'on n'y entend pas parler des épidémies si fréquentes en Orient, où, par suite de l'incurie des Turcs, les premières conditions d'hygiène sont, pour ainsi dire, inconnues. Néanmoins, nous ferons remarquer que la lèpre est assez répandue dans la partie orientale de l'île. De plus, les miasmes qui s'exhalent des marécages où l'eau croupit, rendent assez fréquentes, aux alentours, les fièvres paludéennes.

La Crète ne paraît pas être aussi fertile qu'autrefois; son sol s'est épuisé. Néanmoins ses productions sont encore nombreuses. Il faut d'abord citer les olives, puis les caroubes, les raisins secs et le vin. Les céréales que l'on cultive sont : le blé, le seigle, l'orge et le maïs. Les meilleurs blés sont ceux de la plaine de Messara. Le seigle n'est cultivé que dans les montagnes. Il n'en est pas de même de l'orge qui est répandu un peu partout, dans les plaines, dans les vallées et dans les montagnes. Néanmoins, la Crète ne produit pas suffisamment de céréales pour sa consommation, et elle est obligée d'avoir recours à l'étranger. Les arbres fruitiers sont nombreux : nous citerons : le poirier, le pommier, le cerisier, le prunier, le noisetier, l'abricotier, le pêcher, le cognassier, le mandarinier, le grenadier, l'amandier, l'oranger, le citronnier. Autrefois, le mûrier était beaucoup plus cultivé qu'il ne l'est actuellement. L'on a essayé la culture de coton, mais l'on n'a jamais obtenu que de médiocres récoltes. Le lin est d'une espèce dégénérée. Le tabac est de médiocre qualité, sauf celui des environs de Rethymo. L'on a voulu prétendre que la Crète convenait au café. C'est une erreur. La température y est trop basse en été pour que le caféier puisse s'en accommoder. Comme légumes, l'île produit : des fêves, des haricots, des tomates, des aubergines, des oignons, des épinards, des choux, des radis, des artichauts. La pomme de terre, la betterave, la salade réussissent mal. Les carottes ne sont bonnes qu'aux alentours de Candie. Dans les forêts, devenues fort rares, et beaucoup moins touffues qu'autrefois, les arbres que l'on rencontre sont : le chêne vert, l'arbousier, le cèdre, le pin, le cyprès ; le myrte se frouve presque partout.

Comme bétail, la Crète possède : des chevaux, des mulets, des ânes, des bœufs, des moutons, des chèvres et des porcs. Les chevaux étaient, dans l'antiquité, célèbres par leur vitesse. L'on estime à 7,000 leur nombre dans l'île. Ils servent principalement à tourner la meule du pressoir et aux prises d'eau, pour élever l'eau des puits. C'est à peine si quelques-uns sont dressés et envoyés à Constantinople. Les mulets et les ânes, qui sont très beaux et très bons, servent principalement aux transports des produits et des denrées. Pour voyager dans l'intérieur de l'île, comme l'absence de routes rend impossible l'usage des voitures ou des charrettes, la monture que l'on préfère est le mulet. Les indigènes trouvent que son allure est plus douce et plus rapide que celle du cheval. L'on estime le nombre des mulets à 13,000 et celui des ânes à plus de 40,000. Les bœufs sont peu nombreux, abâtardis et, comme leur race s'épuise et décroît après la première génération née dans l'île, l'on est obligé d'en faire venir de l'Asie Mineure. Le manque de pâturages empêchera toujours que le bétail à cornes puisse prospérer en Crète. L'on essaie d'y suppléer tant bien que mal en ensemençant, de vesces et de lupins, des champs où l'on fait, au printemps, parquer les animaux. Les bœufs sont exclusivement employés au labourage. Les moutons forment de grands troupeaux; ils sont petits, à laine grossière, à la viande fade et sans goût. Les chèvres, que l'on évalue à plus de 200,000, sont là, comme partout ailleurs, un fléau pour l'agriculture. Beaucoup d'entre elles vivent à l'état sauvage. Les porcs sont assez répandus; mais leur chair est de mauvaise qualité. Les chiens sont des lévriers abâtardis. Il n'y a guère d'autres volailles que des poules et des dindons, qui donnent un excellent manger. Les oies et les canards sont très rares, probablement à cause de la grande sécheresse.

De tout temps les Crétois se sont adonnés à l'apiculture, et aujourd'hui les abeilles fournissent un miel aussi parfumé que celui de l'antiquité. Les fleurs sauvages que sucent les abeilles lui donne un goût tout particulier. Parmi ces fleurs sauvages, nous citerons le *Ciste Ladhanifère* qui secrète une matière visqueuse et odorante;on la récolte avec soin et c'est un parfum très apprécié et recherché des Turcs. Au commencement du moyen âge, le ver à soie avait été introduit dans la Crète, et pendant longtemps la sériciculture avait été une véritable industrie ; aujourd'hui, il n'en est plus ainsi. A vrai dire, il n'existe aucune magnanerie dans l'île. Chaque famille possède quelques mûriers et la soie travaillée ne donne annuellement que 4 à 5,000 kilogrammes, quand elle pourrait être bien plus considérable. Enfin, après avoir parlé de l'abeille et du ver à soie qui ont eu la bonne fortune d'avoir été chantés par les poètes, n'oublions pas de dire quelques mots d'un mollusque beaucoup moins poétique, le colimaçon. Dans toutes les campagnes, les colimaçons existent en grand nombre et entrent dans l'alimentation. Les indigènes les ramassent avec soin et, avant de les manger, ils les nourrissent pendant une quinzaine de jours, avec de la farine et du son, pour les dégorger. L'on assure dans tout le pays que le colimaçon, ainsi préparé, constitue un mets des plus délicats. Comme gibier nous citerons : les lièvres qui pullulent, les bécasses, les tourterelles, les perdrix rouges. Il n'y a pas de lapins. La faune sauvage de la Crète ne possède qu'un animal qui mérite d'être mentionné, le bouquetin. Le loup et le renard paraissent manquer complètement.

Comme richesses minérales, la Crète est pauvre. Elle ne possède pas de charbon, et c'est à tort que l'on a signalé tout récemment deux gisements de lignite. Dans plusieurs cantons, l'on exploite des carrières de pierres à aiguiser. Dans certaines parties de l'île se trouve des argiles, qui servent à fabriquer une poterie, qui n'a rien de remarquable, et dont la population fait usage. Les salines donnent généralement un sel d'assez bonne qualité. Malheureusement elles sont mal exploitées. Il y en a même qui, au temps de la domination vénitienne, donnaient un revenu considérable, et aujourd'hui sont abandonnées. Il en résulte que le sel récolté en Crète ne suffit pas à la consommation de l'île.

Telle est la Crète, et l'on voit qu'elle est loin d'être une terre privilégiée et qu'elle est plutôt pauvre que riche. Dans l'antiquité, il n'en était pas ainsi, et sa fécondité lui avait valu le surnom *d'île aux Bienheureux*. Elle conserva longtemps cette réputation: les Vénitiens la regardaient comme leur colonie la plus florissante. Les rares voyageurs qui, aux quinzième et seizième siècles, s'aventuraient dans l'Archipel, ne tarissaient pas sur les richesses de *l'île de Candie* à laquelle ils donnaient le nom de royaume. L'un d'eux, Jacques de Villamont, qui se rendait en Terre Sainte, en 1590, s'arrêta quelques jours à Candie. En nous parlant de la Crète il se montre plein d'enthousiasme, et l'on dirait qu'il veut nous entrenir d'un pays des *Mille et une nuits*. Il nous raconte que la fertilité de l'île est telle, qu'elle produit toutes les choses nécessaires à la vie : des vins de malvoisie, de muscadet, du froment, des huiles, du miel, du *sucre candi*, des bois, *des grains à teindre*, des herbes médicinales ; il ajoute que les bestiaux après avoir mangé l'une d'elles semblaient avoir les dents dorées. Jacques de Villamont va jusqu'à signaler la présence d'une plante nommée *Allimos* qui avait la vertu *d'ôter la faim à un homme après en avoir mangé*. A en croire notre compatriote, Candie aurait été, en quelque sorte, un paradis terrestre, une île enchantée ; aujourd'hui il n'en est plus ainsi. La Crète ne peut plus être comptée au nombre des pays prospères. C'est une terre désolée, appauvrie par la domination turque, et, loin d'exciter l'admiration, comme jadis, elle ne peut inspirer les poètes que pour chanter ses malheurs.

## CHAPITRE II

La Crète à travers les siècles. — Ses origines. — Son rôle dans le monde grec. — Les dominations romaine, byzantine et vénitienne.

La Crète a un passé historique fort ancien. Elle fut primitivement habitée par les Pélasges. Des émigrants phéniciens, venus de la Syrie, y fondèrent des colonies assez importantes et refoulèrent la race pélasgique dans l'intérieur de l'île. Des Hellènes, Éoliens et Achéens ne tardèrent pas à arriver, et enfin au quinzième siècle avant l'ère chrétienne parurent les Dactyles, une peuplade de Phrygie, qui civilisèrent les races antérieures. Ces nouveaux hôtes durent nécessairement trouver de la résistance de la part des habitants, et principalement des Pélasges. Au quatorzième siècle avant Jésus-Christ, une peuplade pélasgique désespérant de soutenir la lutte, quittait la Crète et débarquait sur le littoral de la Syrie. Les troupes de Rhamsès II forcèrent à se rendre cette émigration qui n'était qu'une cohue, incapable de résistance. Au lieu de massacrer ses prisonniers, le monarque égyptien leur donna des terres et les établit sur la côte du pays de Chanaan, autour des villes de Gaza, d'Azoth et d'Ascalon. Ce fut là que, fortifiés par de nouveaux émigrants, ces nouveaux venus fondèrent une puissance, qui fut quelque temps si redoutable aux Israélites, celle des Philistins.

L'arrivée des Dactyles en Crète fut le commencement d'une nouvelle ère. Des peuples nombreux s'étaient accumulés dans l'île, et, grâce à un heureux mélange, favorisé par un isolement bienfaisant, firent germer une civilisation qui, sous l'impulsion de Minos, se développa avec rapidité. La Crète fut ainsi le premier état grec organisé. Minos n'est pas un personnage légendaire, comme on est tenté de le croire ; c'est un personnage réel, ayant tous les contours de la vérité historique. Il vivait à la fin du quinzième siècle. Avec lui, la forme monarchique prévalut dans le gouvernement. Il détruisit la piraterie qui infestait la mer Égée, soumit les Cyclades à sa domination et imposa à la Crète un code de lois dont on vantait la sagesse dans toute la Grèce. Il avait fixé sa résidence à Cnosse. La Crète avait conquis son unité. La population croissait rapidement; des villes nombreuses, qui s'élevaient simultanément, indiquaient l'état de prospérité à laquelle l'île était parvenue. Des colonies crétoises se répandaient dans la Grèce centrale, le Péloponèse, en Thrace, en Sicile, en Italie, en Lydie, en Lycie. C'était à la Crète que la Grèce devait la création du culte d'Apollon, à Delphes, qui avait fait de cette ville le centre religieux du monde hellénique. A cette époque lointaine, la Crète jouait le premier rôle dans l'histoire de la Grèce.

La dynastie de Minos règna longtemps sur la Crète. L'un de ses rois, Idoménée, se rendit au siège de Troie avec quatre-vingts vaisseaux. La Crète ne demeura pas à l'abri de l'invasion dorienne, qui fut, au dixième siècle avant notre ère, une véritable révolution pour la Grèce. Les Doriens subjuguèrent les populations indigènes de l'île; mais ils ne cherchèrent pas à les détruire. Ils se contentèrent de former la caste dominante. Un peu plus tard, la royauté était abolie en Crète. L'unité fut perdue et les villes principales devinrent de petites républiques, rivales les unes des autres. L'on en compta jusqu'à dix-sept. Trois villes se disputèrent la prédominance, Cnosse, Gortyne et Cydonie. A partir de ce moment, la Crète vécut d'une vie isolée, se désintéressant de ce qui se passait en Grèce. Elle resta étrangère aux guerres médiques, à la guerre du Péloponèse, aux expéditions d'Alexandre. Les dissensions de Cnosse, de Gortyne et de Cydonie l'absorbaient tout entière ; cependant elle aurait pu jouer un rôle des plus importants, et par son action, rendre impossible la lutte fratricide, qui arma les Ioniens contre les Doriens, c'est-à-dire une moitié du monde grec contre l'autre moitié. Il en fut autrement. La Crète se borna à regarder ce qui se passait sur le continent. Aussi, cessa-t-elle de compter dans le monde politique.

La Crète avait pourtant tout ce qu'il fallait pour être une puissance de premier ordre ; sa population était nombreuse; on l'a évaluée jusqu'à 2,000,000 d'habitants. Les historiens parlent fréquemment de ses cent villes. Les principales étaient : Lyctos avec son port de

Chersonnèse; Lyction, bien connu par son mouillage; Olléros, qui possédait un temple de Diane; Hiéropytna, avec son sanctuaire de Jupiter; Apollonia, au pied du mont Ida; Cnosse, la ville sainte des Crétois, avec ses deux ports reliés à elle par de longs murs, Héracléion où s'élèvent actuellement Candie et Amnisos; Gortyne dont l'enceinte avait huit kilomètres de tour et qui possédait plusieurs temples dont l'un, celui d'Apollon, était en grande vénération; Prœsos, avec un temple de Jupiter; Phytimna, Oasos, Aulon, Éleuthema, Cytœion Cydonie, Pergamos, où mourut Lycurgue, Élyros, sanctuaire d'Apollon, Polynhénia, où le roi Agamemnon fut jeté par la tempête au retour de la guerre de Troie.

Si par suite de son morcellement en plusieurs petits états, la Crète n'eut aucune influence dans le monde hellénique et vécut dans l'isolement, elle n'en était pas moins un pays riche et prospère, et la plupart de ses villes s'adonnaient au commerce avec succès, sa marine était nombreuse et avait en quelque sorte le monopole du trafic d'une partie de l'Archipel. Les Crétois étaient renommés, à juste titre, par leur habileté

2

à se servir de l'arc et de la fronde. On en trouvait dans toutes les armées en qualité de mercenaires à titre d'archers. Ils jouissaient d'une réputation déplorable et, à tort ou à raison, les Grecs leur reprochaient leur perfidie. Néanmoins, ils passaient pour traiter leurs esclaves avec douceur et humanité. Leur tendance à se livrer à la piraterie leur attirait de temps à autre quelque guerre avec les Rhodiens; telle fut la Crète jusqu'au moment où les Romains parurent en Orient.

Rome avait réduit à l'état de provinces la Macédoine, le Péloponèse, l'Asie Mineure et dominait la Syrie. La Crète était son alliée, mais l'indépendance relative qu'elle avait conservée portait ombrage à la maîtresse du monde. Les Crétois avaient donné assistance à des brigands de la Cilicie, et ils retenaient, à titre d'esclaves, plusieurs soldats romains qu'ils avaient achetés à des pirates de la mer Égée. Il n'en fallait pas davantage pour encourir les colères de Rome, et provoquer, de sa part, une expédition. Une armée romaine débarqua dans l'île. Les Crétois, résolus à garder leur indépendance, repoussèrent et détruisirent les envahisseurs; le préteur lui-même périt dans un combat. Il n'était pas dans les habitudes de Rome de se rebuter. La Crète se défendit pendant trois ans; elle finit néanmoins par être conquise en l'an 66 avant Jésus-Christ. Le préteur qui l'avait soumise, Q. Métellus avait mérité le nom de *Créticus, le Crétique*. Montesquieu dit avec raison que, *pour défendre ses lois et sa liberté, la Crète fit plus de résistance que les plus grands rois.*

Rome ne traita pas durement sa conquête; elle y implanta ses lois, sans toutefois déposséder ceux qui détenaient le sol. Aussi, sa domination fut-elle acceptée assez facilement. Après la soumission de l'Égypte, Auguste fit de la Crète, qu'il joignit à la Cyrénaïque, une province sénatoriale. Elle était alors l'un des greniers de Rome, tant elle produisait du blé. Plus tard, l'empereur Constantin incorpora la Crète dans la préfecture d'Illyrie. Le Christianisme y parut de bonne heure. Saint Paul y était venu le prêcher et y avait laissé son disciple Titus. Le nombre des Chrétiens fut bientôt considérable. La persécution, sous Décius, au troisième siècle, ralentit les conversions. Sitôt qu'elle fut passée, l'Évangile fut de nouveau propagé, et au quatrième siècle, le paganisme ne comptait plus dans l'île que quelques rares adeptes. La Crète était chrétienne; à la fin du huitième siècle, il y avait un archevêque et onze évêchés, relevant du Partriarche de Constantinople. Devenue partie intégrante de l'empire d'Orient, la Crète avait suivi sa fortune. C'est ainsi qu'elle rompit avec Rome et adhéra au schisme de l'Église grecque. De bonne heure, les Juifs étaient venus s'établir en grand nombre dans la Crète, dont ils avaient fait une station commerciale importante; ils formaient une partie de la population des villes et au cinquième siècle, ils avaient été assez puissants pour fomenter une insurrection. Leur chef, qui se donnait pour le Messie, avait pu, pendant plusieurs mois, parcourir l'île en souverain. Ce n'était pas sans peine que la Cour de Constantinople avait rétabli son autorité; à part cet incident, du reste sans importance, la Crète avait vécu tranquille sous les empereurs byzantins et joui d'une grande prospérité. Ce repos de plusieurs siècles avait été fatal aux Crétois qui, au milieu de l'affaiblissement de l'empire grec, perdaient chaque jour leur courage et leurs anciennes vertus guerrières. A leur amour de l'indépendance avait succédé, chez eux, un profond égoïsme. La Crète était devenue une proie facile pour un peuple entreprenant.

Au septième siècle, avait paru l'Islam, et les Arabes, convertis par Mahomet, s'étaient rués à l'assaut de l'empire byzantin. La Crète, qui était alors regardée comme *une terre délicieuse où coulaient le lait et le miel*, devait nécessairement tenter leurs convoitises. En 823, sous le règne de l'empereur Michel le Bègue, une armée sarrazine partait d'Alexandrie, montée sur une flotte de quarante vaisseaux, et venait débarquer à la Suda. Les envahisseurs s'emparèrent assez facilement de toute l'île à l'exception de Cydonie qui résista quelque temps. Ils ravagèrent divers cantons, détruisirent en partie Gortyne et fondèrent sur l'emplacement d'Héracléion, un port de Cnosse, une ville qu'ils appelèrent Rabdh-El-Khandak, *le bourg du retranchement*, dont nous avons fait Candie. Cette ville devint leur capitale. A partir de ce moment, l'île perdit son nom national de Crète pour prendre celui de Candie.

L'intention des Arabes était de s'établir définitivement dans l'île. Du reste, l'on est étonné de la facilité avec laquelle ils s'en emparèrent. Toutes les villes se rendaient, à part quelques-unes, sans essayer de se défendre, sans même demander le maintien de la religion chrétienne. La plupart des habitants, pour lesquels le Christianisme consistait en pratiques extérieures, se faisaient Musulmans. Toutes les églises furent changées en mosquées. Néanmoins, un certain nombre de Chrétiens gardèrent leur foi. Il y en eut même qui souffrirent le martyre, dont Cyrille, l'archevêque de Gortyne ; aujourd'hui sa mémoire est demeurée en grande vénération chez tous les Crétois. Les empereurs de Constantinople n'avaient pas renoncé à la Crète. Basile le Macédonien et Romain le Jeune essayèrent d'arracher la grande île grecque aux Arabes. Ce fut l'empereur Nicéphore Phocas, qui les vainquit ; en 961, il reprenait la Crète. La domination musulmane y avait duré cent trente-sept ans. La cour de Byzance s'occupa d'extirper l'Islamisme. Des moines, principalement Arméniens, vinrent faire des prédications dans l'île, et tous ceux des habitants qui étaient Musulmans, c'est-à-dire la majorité de la population, se virent en butte à des tracasseries et à des vexations. C'est ainsi que l'île redevint entièrement chrétienne.

La Crète n'était pas appelée à rester une possession byzantine. Deux cent quarante-trois ans plus tard, en 1204, avait lieu la quatrième Croisade, et Constantinople tombait au pouvoir des Croisés, c'est-à-dire des Français et des Vénitiens. Il fut procédé au partage de l'empire d'Orient. Le comte de Flandre, proclamé empereur, avait adjoint la Crète au royaume de Thessalonique qu'il avait donné au marquis de Montferrat, Boniface pour le récompenser de ses services. Le marquis de Montferrat, qui croyait, avec raison, avoir assez à faire que de s'occuper de la partie de la Macédoine qui lui était échue, vendit la Crète à la République de Venise. Les Génois n'étaient pas disposés à abandonner la possession de la grande île grecque à leurs rivaux politiques et commerciaux; ils voulurent les devancer et ils furent un instant maîtres de la majeure partie de la Crète, mais leurs tentatives étaient inutiles. La Crète resta au pouvoir de Venise, qui la garda jusqu'en 1669, c'est-à-dire pendant plus de quatre siècles et demi.

La domination vénitienne fut très dure pour la Crète. La République de Saint-Marc la traitait comme une ferme d'exploitation. L'île avait été divisée en deux cent trente-quatre *cavaleries* et à la tête de chacune d'elles était placé un noble Vénitien qui, au premier signal, devait être prêt à marcher avec un ou plusieurs cavaliers, suivant l'importance de son domaine. A différentes reprises, la République envoya des colonies, composées de nobles, de bourgeois de Venise, de chevaliers, de soldats ou d'Italiens, ses sujets de la terre ferme. Tous ces nouveaux venus étaient répartis dans les campagnes et dans les villages. Toutes les villes du littoral étaient en état de défense, et, dans l'intérieur du pays, des châteaux-forts étaient construits et pourvus de petites garnisons. Le gouvernement de l'île était confié à un gouverneur général, qui avait le titre de *Duc*. Il était assisté dans son administration par un grand capitaine et deux conseillers avec lesquels il rendait la justice et deux trésoriers spécialement chargés des finances. Les recettes et les dépenses étaient arrêtées par le Sénat de Venise, et l'administration locale n'y pouvait rien changer. La Crète était divisée en quatre districts : Candie, la Canée, Rethymo et Sitia. Le district de Candie était directement administré par le Duc, qui y résidait, et les trois autres chacun par un recteur, assisté d'un conseiller. Les troupes toujours assez nombreuses, puisque souvent elles présentaient un effectif de vingt mille hommes, dépendaient du grand capitaine, d'un colonel, presque toujours un étranger, et d'un provéditeur de la cavalerie. La République semblait ne pas trop se fier à ses agents ou fonctionnaires et avoir eu pour politique de les faire surveiller les uns par les autres. Toutes ces précautions montrent l'importance qu'elle attachait à la possession de l'île, qu'elle appelait dans son orgueil, *il Regno di Candia,* le royaume de Candie.

Quoique ce régime fût des plus oppressifs, la Crète continuait de jouir d'une certaine prospérité. La Canée était une ville presque complètement vénitienne et le siège d'un commerce actif. Il en était de même de Candie. Dans les ports de l'île se pressaient des navires, qui se chargeaient principalement des huiles et des vins. La réputation des muscats de Candie était connue. Des églises, des monastères étaient construits. Parmi les églises, la plus remarquable était celle de Saint-François d'Assise, qui datait du quinzième siècle et appartenait au style ogival. A cette occasion nous ferons remarquer que la réputation de saint François d'Assise s'était répandue jusque chez les Grecs séparés de Rome. Si bien que, ceux de la Crète avaient demandé et obtenu du pape Jean XXIII, l'autorisation de célébrer, selon leur rite, l'office en l'honneur du saint, le jour de sa fête, dans l'église qui lui était consacrée. Si, à cette époque, les villes de la Crète étaient réellement prospères, il en était de même des campagnes. Dans les villages, l'on voyait des maisons confortables, et dans leurs environs, de belles cultures. Des routes pavées reliaient les villes entre elles et tous les bourgs tant soit peu importants. Le régime des eaux était l'objet des préoccupations de l'administration. Les rivières étaient endiguées, et des canaux bien entretenus servaient aux irrigations. La Crète était alors un pays européen.

Si, au point de vue matériel, l'administration vénitienne faisait preuve d'une intelligence réelle, il n'en était pas de même en ce qui concernait les indigènes. Les Grecs formaient la plus grande partie de la population de l'île, et les Latins n'y existaient qu'à l'état d'exception, et à peine en comptait-on quelques milliers. Au lieu de s'attacher ses sujets, de leur faire aimer ou tout au moins de leur rendre supportable sa domination, Venise semblait avoir pris à tâche de se rendre odieuse. Toute autorité avait été retirée aux Grecs; l'on s'était contenté de ne pas les déposséder de leurs terres. Ils étaient traités avec le plus profond mépris, en toute occasion. Les Grecs étaient orthodoxes. Au lieu de faire preuve à leur égard de la plus grande tolérance, ce qui eût été d'une bonne politique, le gouvernement vénitien prenait en quelque sorte plaisir à irriter la population et à provoquer son mécontentement par ses vexations et son arbitraire. C'est ainsi que le clergé grec s'était vu dépouiller de presque tous ses biens au profit du clergé latin. Les paysans étaient tellement pressurés, que tout le produit de leur travail passait aux mains des possesseurs de *cavaleries,* ou possesseurs de fiefs. Leur sort était des plus misérables. L'île était en quelque sorte mise en coupe réglée, et l'oppression y était d'autant plus dure qu'elle était conduite avec ordre et méthode. Un tel régime devait forcément provoquer des insurrections, et, à diverses reprises, la population indigène se souleva. Toutes ces rébellions étaient réprimées avec férocité. Non contente de frapper de mort les chefs de la révolte, Venise condamnait les cantons qui y avaient pris part. Il était désormais défendu sous peine de la vie d'y semer du blé. C'est alors que l'île commença à se dépeupler; certaines de ses parties restèrent désertes, pendant près d'un siècle.

A la fin du quatorzième siècle, les Crétois qui voyaient que toutes leurs tentatives pour se débarrasser de leurs maîtres étaient inutiles et ne servaient qu'à appesantir leur joug, avaient accepté la position de vaincus. Bon nombre d'entre eux émigrèrent et allèrent s'établir en Égypte, préférant vivre sous la domination des Musulmans que sous celle des Vénitiens. A diverses reprises, les Crétois avaient espéré que les Génois, leurs rivaux politiques et commerciaux, pourraient s'emparer de leur île. Ils les en avaient sollicités et obtenu d'eux quelques secours contre leurs oppresseurs. Mais Gênes, malgré son désir, ne pouvait rien contre la République de Saint-Marc. Quand les Crétois virent que tout espoir était perdu de ce côté, ils songèrent aux Turcs. Résolus, et non sans cause, à se débarrasser des Vénitiens dont la tyrannie dépassait tout ce qu'on peut imaginer, ils pensaient que les Turcs seraient des maîtres moins incommodes, ou tout au moins plus indolents, plus faciles à endormir et à tromper. Aussi, étaient-ils tout disposés à les favoriser, à leur prêter leur appui, du moment qu'ils viendraient en Crète, pour y abattre la domination vénitienne. Les seuls indigènes, qui fussent partisans de Venise, étaient quelques soudards qu'elle avait à sa solde et dont elle s'était assuré la fidélité au moyen d'une bonne paye.

Lors du partage de l'empire grec, en 1204, les Vénitiens s'étaient adjugé une partie des îles de l'Archipel. Du moment que Constantinople était tombée au pouvoir de Mahomet II, ils ne pouvaient s'attendre à rester paisibles possesseurs de leurs colonies. C'est ce qui arriva, et peu à peu les Turcs leur enlevaient quelques-unes de leurs possessions : Négrepont, l'ancienne *Eubée*, Chypre, les Cyclades. Au milieu du dix-septième siècle, les Vénitiens n'avaient plus que les îles Ioniennes et Candie. Les sultan Ibrahim Ier, qui avait succédé en 1640, à Mourad IV, convoitait cette dernière île. En 1645, une flotte nombreuse partait de Constantinople et débarquait, sous déclaration de guerre, une armée dans la partie occidentale de la Crète. Au bout de quelques mois, les Turcs s'étaient rendus maîtres de presque toute l'île. La Canée, Rethymo avaient été obligés de capituler, malgré le courage de leurs défenseurs. Il ne restait plus aux Vénitiens que Candie et trois petites places. Les jours de la domination vénitienne en Crète étaient désormais comptés.

La République de Saint-Marc n'était pas disposée à abandonner sa principale possession qu'elle appelait un royaume. Elle fit appel à toutes les puissances chrétiennes, pour en avoir des secours. Mais le plus grand nombre s'excusèrent de ne pouvoir en envoyer, sous divers prétextes. Le pape donna cinq galères, l'Espagne cinq autres, la Toscane autant; les chevaliers de Malte envoyèrent six galères; Parme deux mille fantassins, la France cent mille écus et quatre brûlots. C'étaient là des secours illusoires. Venise se trouvait presque seule en présence des Turcs. Le 1er mai 1648, quelques mois avant la chute d'Ibrahim Ier, commença le siège de Candie; il traîna tellement en longueur, sous son fils et successeur Mahomet IV, que le grand Vizir Kupruli se décida à passer lui-même en Crète, en mai 1667, avec des forces considérables. Le général vénitien Morosini lui résista énergiquement pendant plus de deux ans. Il reprit courage en voyant arriver six mille Français envoyés par Louis XIV, sous le commandemant du duc de Navailles. Le duc de Beaufort, qui en faisait partie, fut tué dans une sortie. Quelque temps après, l'expédition qui avait éprouvé de grandes pertes, quittait l'île. Le 27 septembre 1669, Morosini, qui ne pouvait tenir presque seul, signait une capitulation dont les clauses étaient fort honorables. Le 4 octobre, le Croissant avait remplacé le Lion de Saint-Marc sur les murailles de Candie, qui n'était plus qu'un monceau de ruines. Sa population était réduite à 4,000 âmes. Le siège de Candie est devenu en quelque sorte légendaire et à juste titre; il avait duré vingt et un ans. Les Turcs avaient donné cinquante-six assauts; ils avaient perdu plus de cent mille hommes et les Vénitiens cinquante mille.

Venise conserva néanmoins un pied dans la Crète, trois forteresses sur la côte septentrionale : Grabuso, la Suda et Spina Longa. Par le traité de paix qui suivit la prise de Candie, les Turcs s'engageaient à fournir aux garnisons de ces trois places des vivres, à des prix fixés d'avance. Venise pouvait être flattée dans son orgueil de pouvoir encore faire flotter son drapeau sur le littoral Crétois. Mais il lui était impossible de se faire illusion. Les trois forteresses qu'elle avait gardées ne pouvaient lui être d'aucune utilité; c'étaient des possessions onéreuses. Du reste, elle allait bientôt les perdre. En 1692, la garnison de Grabusa, composée en grande partie de soldats calabrais, se révolta contre son commandant et appela les Turcs. Le Sénat fit à peine attention à cet *incident*. En 1714, la République déclarait la guerre à la Turquie; elle n'éprouva, pour ainsi dire, que des défaites, et, en 1718, elle était obligée de signer une paix désastreuse. Elle cédait la Morée dont elle s'était emparée quelques années auparavant et les places de la Suda et de Spina Longa. La Crète était donc perdue pour elle. En réalité, la possession de cette île à laquelle elle avait attaché tant d'importance ne lui avait été d'aucun profit. Elle l'avait obligée à soutenir une guerre aussi meurtrière que dispendieuse, si bien que les fiers Patriciens en voyant leurs rangs éclaircis, avaient dû consentir, malgré leur orgueil, à l'inscription, sur le livre d'or, d'un certain nombre de familles nobles de la terre-ferme, et même bourgeoises de la ville de Venise. Avec la perte de Candie, avait commencé la décadence irrémédiable de la République de Saint-Marc pour qui, désormais, la grande préoccupation politique fut la célébration du Carnaval.

## CHAPITRE III.

**La domination turque. — Les habitants de la Crète, Chrétiens et Musulmans.**

La conquête turque a été pour la Crète une période néfaste. Les Turcs se hâtèrent d'organiser leur nouvelle possession. L'île fut partagée en trois pachalicks : Candie, la Canée et Rethymo. Chacun de ces pachalicks possédait un certain nombre de fiefs viagers appelés *Timars*; l'on en comptait dans toute l'île plus de deux mille cinq cent cinquante. La possession d'un Timar obligeait le Musulman qui en était investi à fournir au sultan, en cas de guerre, un certain nombre d'hommes armés, déterminé d'avance. C'était une espèce de féodalité militaire. Ces *Timars* ou fiefs furent constitués avec les terres qui, au moment de la conquête, faisaient partie du domaine public ou appartenait aux Patriciens et au clergé latin. Comme ces terres étaient insuffisantes, l'on en prit aux Chrétiens. C'est ainsi qu'eut lieu une véritable dépossession du sol, et les propriétaires légitimes étaient souvent trop heureux, quand ils pouvaient se faire accepter comme fermiers de leurs propres domaines par les Musulmans qui en étaient devenus les maîtres.

Contrairement à ce qui a eu lieu dans les autres provinces de l'empire ottoman, la conquête n'avait pas décidé les Turcs à s'établir dans la Crète. Si, parmi les Musulmans, possesseurs des Timars, l'on compta quelques Janissaires, qui avaient pris part à la conquête de l'île ou au siège de Candie et un certain nombre d'aventuriers venus de Constantinople ou de l'Asie-Mineure, la plupart étaient des Grecs qui avaient abjuré le Christianisme. Suivant M. de Pouqueville, soixante mille Chrétiens auraient apostasié, dans les quelques années qui avaient suivi la conquête, afin de pouvoir échapper aux cruautés dont ils étaient l'objet. Ces nouveaux convertis du Koran gardèrent plusieurs de leurs habitudes que proscrivait leur foi nouvelle. C'est ainsi qu'ils ne se gênaient pas de boire publiquement du vin et laissaient souvent leurs femmes sortir le visage découvert. L'observation du Ramadan était assez négligée, et il leur arrivait fréquemment de ne pas fréquenter la mosquée et d'oublier de réciter les prières obligatoires. Ces nouveaux disciples de Mahomet passaient et passent encore aujourd'hui pour être de mauvais Musulmans, et les vrais Turcs se refusent presque à voir en eux des coreligionnaires. Un officier ottoman, originaire de Constantinople, qui avait été envoyé en mission à Candie, en 1857, parle avec le plus grand mépris des Musulmans crétois, *qui ne savent*, nous dit-il, *que s'enivrer et parler un mauvais grec*. Aucun, encore aujourd'hui, ne connaît le turc, et, à part les fonctionnaires, la seule langue usitée dans toute l'île par les Musulmans aussi bien que par les Chrétiens est le grec. Néanmoins, malgré la communauté d'origine et de certaines coutumes, les Musulmans crétois ont toujours été envers leurs compatriotes chrétiens beaucoup plus cruels que les vrais Turcs. Nulle part, la domination musulmane, dans l'empire ottoman, n'a été plus dure que dans l'île de Crète.

Les Crétois virent bientôt qu'ils n'avaient pas gagné, bien au contraire, à changer de maîtres.

Ils furent traités en peuple conquis. Tous les Chrétiens, en âge de porter les armes, étaient soumis à l'impôt annuel du rachat de la tête, le *Karatch*. Les Musulmans, dans les rapports qu'ils avaient avec eux, les regardaient comme un vil troupeau, et leur distribuaient des coups de bâton, de sabre et même de pistolet, à la moindre résistance qu'ils opposaient à leurs volontés tyranniques. Dans les villages, les aghas ne se gênaient pas pour forcer les Chrétiens à travailler pour eux, sans leur donner la moindre indemnité. Tournefort, qui visita la Crète en 1700, raconte qu'un jour le pacha, qui s'occupait à faire bâtir une mosquée, avait réquisitionné, dans les environs de la ville, des Grecs avec leurs outils nécessaires, et que la plupart du temps, on leur donnait pour les payer *plus de coups de bâton que de morceaux de pain*. Dans les campagnes, tout paysan était à la merci des Musulmans, qui pouvaient, à tout instant, pénétrer dans sa maison, s'emparer de ses récoltes, de ses bestiaux, le mettre dehors, et en user avec sa femme ou sa fille, suivant leur caprice. Le sort des Chrétiens qui habitaient les villes n'était pas plus enviable. Tous les Musulmans de la Crète étaient habitués au maniement des armes et formaient des Janissaires qui, là comme dans tout l'empire ottoman, se distinguaient par leur turbulence. L'on peut dire qu'il n'y avait pas dans toute l'île d'autre loi que la volonté de cette soldatesque dont la brutalité égalait l'indiscipline.

L'on a peine à croire au régime qui pesait sur les Chrétiens. Aucun d'eux ne pouvait se marier sans la permission de l'agha, et pour obtenir cette permission, il devait l'acheter par un présent, tel qu'un mouton, des poules ou quelques pièces d'argent. Si la jeune fille plaisait à l'agha, il la retenait, la renvoyait au bout de quelques mois ou quelques années et la mariait à quelque Grec, qui n'osait s'y refuser. Les avanies auxquelles les Chrétiens étaient soumis dépassent tout ce qu'on peut imaginer. En 1779, l'évêque de la Canée étant rentré dans sa ville, à cheval, privilège réservé aux Musulmans, aux Européens, à l'archevêque ; la populace se souleva et voulut le brûler. Le pacha profita de l'occasion pour faire chasser tous les Grecs de la ville, et il ne leur permit d'y revenir qu'après leur avoir extorqué une bonne somme d'argent.

Un autre jour, au commencement de notre siècle, dans cette même ville de la Canée, un bey allait s'inviter avec plusieurs de ses coreligionnaires chez un boulanger chrétien dont la femme se distinguait par sa beauté. Le bey et ses compagnons chassèrent le boulanger de sa maison et déshonorèrent sa femme. De semblables faits se passaient fréquemment. Tout Grec qui osait réclamer contre les vexations, les mauvais traitements était mal venu : il s'exposait pour le moins à recevoir force coups de bâton, à être condamné à l'amende, à la prison, et parfois à la mort. Il n'existait aucune justice pour les Chrétiens. Leur témoignage n'avait aucune valeur, et l'agha ou le cadi étaient toujours disposés à les faire périr sous le moindre prétexte. Quant aux impôts, c'était l'arbitraire le plus complet. Les pachas ou autres fonctionnaires ne cherchaient qu'à s'enrichir, en taxant et en opprimant la population chrétienne. Ils ne laissaient passer aucune occasion de piller et de rançonner leurs malheureux administrés, qui arrivaient ainsi à payer sept ou huit fois ce que le sultan percevait. Les hommes mariés ne pouvaient pas quitter l'île à moins qu'ils ne fussent marins ou négociants. C'est tout au plus si on leur permettait de se rendre en Morée, pour y louer leurs services. Mais avant leur départ, ils devaient payer une taxe de deux piastres par tête. Nous n'exagérons en rien la situation des Chrétiens. Elle a été constatée par des voyageurs français qui ont visité la Crète au siècle dernier : Tournefort, Olivier, Savary.

Les *Occidentaux*, les *Francs* n'étaient pas, en Crète, à l'abri des vexations et de l'arbitraire. Leur situation était fort précaire. En 1726, un Français avait été assassiné à la Canée ; le crime resta impuni. Les Musulmans avaient pris les armes et déclaré qu'ils égorgeraient tous les autres Français résidant dans la ville, si le meurtrier était poursuivi. Quelquefois, dans le but d'extorquer une bonne somme d'argent aux négociants étrangers, le pacha interdisait l'exportation des huiles, et choisissait le moment où des navires étaient dans les ports prêts à charger. Nos consuls portaient plainte à Constantinople, notre ambassadeur intervenait et se trouvait fort heureux, quand il pouvait obtenir le déplacement du pacha, auteur de cette escroquerie. Néanmoins, aucune indemnité n'était donnée à nos nationaux, qui avaient été lésés dans leurs intérêts. En 1795, l'agent de la République française à Rethymo, un Juif nommé Abrahamaki, était arrêté, mis aux fers, bâtonné, et, pour être remis en liberté, obligé de payer dix mille piastres. En même temps, le pacha le menaçait de mort, s'il faisait entendre quelque plainte. Le consul français de la Canée s'adressa à Constantinople. Le pacha de Rethymo fut déposé, mais au moment de son départ, tous les fonctionnaires turcs vinrent le féliciter, et il fut salué par les salves de l'artillerie de la Canée. Il était impossible de pousser plus loin la provocation et l'insulte envers une puissance européenne. Cependant, la France n'était pas dans une mauvaise situation en Crète. En 1765, le gouvernement ottoman avait aboli, pour toutes les nations, le droit de laisser flotter le pavillon sur la maison du consul. L'Europe avait acquiescé à cette atteinte au droit international, et reconnu, par là, son infériorité vis-à-vis du sultan. La France seule s'y était refusée, et seule elle faisait flotter son drapeau sur les rivages de la Crète.

Il ne faut pas s'étonner si, avec un semblable régime, la population de la Crète n'a pas cessé de diminuer. Dans l'antiquité, on l'évaluait, peut-être avec quelque exagération, à 2 millions d'habitants. Au septième siècle, sous les empereurs byzantins, un peu avant l'invasion arabe, elle s'élevait à 900,000 âmes ; au treizième siècle, au moment où les Vénitiens en prirent possession, à 700,000. En 1785, la Crète ne comptait guère plus de 350,000 habitants dont 200,000 Musulmans, 150,000 Chrétiens et 4 mille Juifs. Actuellement, la population n'atteint pas 300,000 âmes dont 89,000 Musulmans, 205 mille Chrétiens, 5 à 600 Catholiques latins, descendant de Français et d'Italiens, et 700 Juifs. Nous ferons remarquer la diminution des Musulmans, qui de 200,000 sont tombés à 89,000, tandis que les Chrétiens n'ont pas cessé d'augmenter et de 150,000 qu'ils étaient alors se sont élevés à 205,000. Les Juifs qui, autrefois, notamment au sixième siècle, formaient une partie notable de la population de l'île, sont de moins en moins nombreux. Il y a un peu plus de cent ans, ils étaient 4,000, et aujourd'hui, ils ne sont plus que quelques centaines. Leur disparition est la preuve de la situation misérable de la Crète. Ils n'ont plus rien à faire dans un pays ruiné et ils émigrent pour porter ailleurs leur activité commerciale. Au siècle dernier, les Turcs avaient amené de l'Afrique de nombreux nègres, ainsi que Tournefort a pu le constater. L'on pouvait se demander si la race africaine n'arriverait pas à former une partie de la population crétoise. Il n'en a rien été. En Crète, comme dans les autres provinces de l'empire ottoman, les nègres n'ont pu jamais faire souche dans le pays. Sans cela, à Constantinople, à Smyrne, à Salonique, une grande partie de la population devrait être mulâtresse ou quarteronne. L'on peut parcourir toute la Crète, sans y être exposé à y rencontrer un seul visage noir. Tous les habitants de l'île, Chrétiens ou Musulmans, sont des Grecs. Les disciples du Koran, qui ne sont pas d'origine hellénique, sont quelques fonctionnaires, leurs descendants qui se sont fixés dans le pays, et les Abadiotes. Ces derniers, au nombre de 4 à 5,000, habitent une vingtaine de villages, situés au pied du mont Ida. Ils descendent des Arabes, qui se sont emparés de l'île au neuvième siècle. L'on dit qu'ils en ont conservé le type et qu'ils parlent un dialecte rappelant l'idiome de l'Hedjaz.

Les Crétois se rattachent à la race grecque. Mais il ne faut pas se faire illusion à ce sujet. L'ancienne race grecque a presque complètement disparu, et c'est ainsi que la grande majorité des habitants du royaume de Grèce se compose de Slaves, d'Albanaïs et d'Italiens. A peine peut-on trouver quelques descendants des concitoyens de Périclès et d'Agésilas, et encore leur type est-il loin d'être pur et presque toujours altéré. En Crète, il en est de même. Les Crétois, qui peuplaient l'île au moment des invasions, se sont nécessairement mélangés avec leurs envahisseurs. Ce fut surtout la domination vénitienne, qui dut exercer une grande influence sur le sang crétois. Elle dura quatre cent cinquante ans. Pendant cette longue période, la République de Saint-Marc envoya des colonies à différentes reprises. Ces nouveaux hôtes se fondirent rapidement avec la population indigène. Cependant l'on retrouve l'ancien type dorien chez les Sphakiotes qui, grâce à leurs montagnes escarpées et d'un accès difficile, les Monts Blancs, ont vécu isolés et sont au nombre des rares représentants de l'ancienne race hellénique. Au contraire, les Crétois du littoral et de la partie orientale de l'île, où Venise a principalement envoyé des colons, ne sont que des métis issus du mélange des aborigènes avec les Slaves et les Italiens. La dénomination locale de *Sklavokori* que l'on retrouve dans plus d'un endroit indique que les établissements slaves dans l'île ont été plus importants qu'on ne le croit généralement.

Tous les Chrétiens de la Crète, à part les quelques centaines de Catholiques, qui se trouvent dans les villes, sont orthodoxes et font partie de l'Église grecque, qui a pour chef le patriarche œcuménique de Constantinople. L'Église de Crète possède un archevêque qui réside à Candie et six évêques nommés par lui. Dans chaque diocèse, se trouve un nombre assez considérable de *papas* et de *protopapas* ou prêtres. Le clergé grec, en Crète, comme ailleurs, est loin de briller par son instruction. Il vit assez pauvrement. Nombre de *papas*, principalement dans les campagnes, ne se distinguent en rien des paysans, travaillent comme eux dans les champs et exercent même certains métiers. Les revenus de l'archevêque et des évêques se composent des produits des propriétés des églises; des droits perçus aux baptêmes, mariages, divorces et enterrements, d'une sorte de dîme en nature et des quêtes faites pendant les tournées de Pâques et de l'Épiphanie. Les *papas* n'ont pas d'autre revenu que le casuel auquel viennent s'ajouter des collectes en nature, le pain fourni par les fidèles le samedi et la rémunération des prières faites pour la conservation des récoltes.

En dehors du clergé séculier, l'on compte environ sept cent cinquante moines, répartis dans une quarantaine de monastères. Tous ces moines appartiennent à l'ordre de Saint-Basile, le seul qui existe dans l'Église grecque, et l'archevêque n'a sur eux qu'une autorité fort limitée. Chaque monastère est gouverné par un *higoumène* ou supérieur. Autrefois, tous ces monastères possédaient d'immenses propriétés territoriales. Aujourd'hui, il n'en est plus ainsi; néanmoins il en est encore d'assez riches. De même, jadis, le nombre des moines était bien plus considérable. Tournefort nous dit que le monastère d'Arcadhi était habité par trois cents religieux. Actuellement, les vocations monastiques diminuent. De plus, comme le manque de bras se fait sentir, dans beaucoup de monastères, les moines sont obligés de consacrer la plus grande partie de leur temps au travail des champs. Aussi, après les exercices religieux, ne leur en reste-t-il que fort peu à donner à l'étude des lettres. Du reste, comme tous ces monastères ont été saccagés, plus ou moins pendant la guerre de l'indépendance, les bibliothèques ont à peu près disparu. Il existe aussi quelques couvents de religieuses, qui sont au nombre de cent quarante.

Les Catholiques, quoique fort peu nombreux, ont un évêque qui réside à la Canée où se trouve leur communauté la plus importante. Le Catholicisme compte quatre églises paroissiales : à Candie, à la Canée, à Rethymo et à Halépa. Des Capucins forment le clergé. A la Canée, il existe un couvent de sœurs françaises, qui appartiennent à l'ordre de Saint-Joseph. Quoique disposant de bien faibles ressources, ces sœurs font beaucoup de bien. Un publiciste, M. Saissy, qui tout récemment a visité la Canée, peu après l'incendie que les Musulmans y avaient allumé, disait dans le *Monde Illustré* qu'il n'avait pu retenir son émotion lorsqu'il était entré dans leur couvent. Il y avait trouvé sept sœurs dont quatre Bretonnes. L'une d'elles, la sœur Valentine habitait la Canée depuis trente ans. La supérieure, la sœur Anne Joseph avait l'énergie empreinte sur le visage. Toutes parlaient de la France à notre compatriote, qui put constater que leur maison s'était ouverte à de nombreux fugitifs, sans distinction de religion. C'est pourquoi, M. Saissy nous dit : « Le bien que ces nobles femmes font à notre chère patrie, combien il est ignoré et mal récompensé! Elles enseignent la langue française et nous gagnent les esprits. Elles pratiquent la charité avec une telle abnégation et un tel dévouement qu'elles nous attachent les cœurs. » Nous ne pouvons qu'applaudir le langage si patriotique de notre confrère.

L'organisation du culte musulman est la même que dans l'Empire ottoman. Le service des mosquées est fait par des imans, et dans les villes se trouvent en outre des khiatibs, qui, comme partout ailleurs, jouent le rôle de prédicateurs. A la tête du clergé musulman de la Crète, si l'on peut parler ainsi, (car à vrai dire l'Islamisme n'a pas de clergé), est un mufti. L'on compte dans l'île dix-neuf tekkés ou couvents où vivent un certain nombre de Derviches, qui sont tous, à part de rares exceptions, d'origine étrangère. La plupart des mosquées possèdent des propriétés; des fondations pieuses, des rentes consenties pas des Musulmans fervents subviennent à leur entretien. Nous avons déjà parlé des Musulmans de la Crète et de leur tiédeur à se conformer aux prescriptions du Koran. Nous ajouterons que souvent ils mêlent à la pratique de leur religion celle de nombreuses superstitions. Nous ne citerons qu'un exemple. A Candie, les Musulmanes dévotes brûlent de l'encens chaque vendredi et suspendent des offrandes votives en l'honneur de la statue d'une fontaine située sur une place de la ville, et qui a été apportée de Gortyne par les Vénitiens. A les en croire, cette statue est une femme arabe qui se distingua pendant le siège, et qui aurait été changée en pierre!

Les Crétois constituent une race saine et vigoureuse. Dans les montagnes il n'est pas rare de trouver des hommes de très haute taille, et presque tous sont d'une agilité surprenante. La plupart d'entre eux sont blonds. Les femmes, quand elles sont jeunes, sont presque toutes jolies. Le costume rappelle celui de la Grèce. Dans les campagnes, les Crétois portent une chemise de toile, une culotte bleue flottante, une ceinture rouge enroulée plusieurs fois autour du corps et renfermant un couteau et divers objets, et une veste brodée. Comme chaussures, ils ont de grandes bottes de cuir jaune, et sur la tête, une calotte rouge ou blanche autour de laquelle ils nouent souvent un mouchoir qui retombe sur les épaules. En hiver, une capote en laine blanche complète ce costume. Les Chrétiens sont rasés ainsi que les Musulmans et tous n'ont que la moustache. Il n'y a que les *papas* à porter la barbe. Les femmes ont de larges pantalons blancs, une chemise de même couleur, à larges manches ; souvent, elles mettent par dessus une robe d'indienne, à couleurs voyantes, un corsage ouvert par devant et un tablier. Leur coiffure consiste en une calotte rouge de laquelle s'échappent de longues tresses de cheveux. Comme chaussures, elles portent de petits souliers. Elles aiment assez les bijoux, les bracelets, les colliers, les ornements pour la tête, dans la confection desquels entrent principalement de petites pièces de monnaie turque, en or. Dans les villes, le costume est très peu différent. L'on y voit seulement le costume européen, composé du pantalon, de la redingote et du fez, que portent les fonctionnaires turcs et parfois quelques Chrétiens, qui veulent se donner un air européen. Les Crétois n'ont rien dans leur costume qui trahisse la richesse ou même l'aisance. Chez les hommes comme chez les femmes, les vêtements sont rapiécés, délabrés et indiquent un état voisin de la misère.

Les mœurs des Crétois rappellent celles de la Grèce, avec cette différence que l'influence européenne ne s'y est pas encore fait sentir. Dans la partie occidentale, dans les Monts Blancs, vit une petite peuplade, celle des Sphakiotes, qui mérite que nous en disions quelques mots. Les Sphakiotes ne sont que quelques milliers, de 12 à 15,000, et cependant ils ont su conserver leurs lois et leurs coutumes, sous les Romains, sous les Arabes, sous les Vénitiens et sous les Turcs. Ils se sont toujours gouvernés eux-mêmes. C'est au plus si, après de longues luttes, ils avaient consenti à payer un tribut à Venise qu'ils apportaient à la Canée. Au moment de la conquête turque, ils étaient redevenus indépendants, et ce n'est qu'après la révolte de 1770, qu'ils se reconnurent tributaires du sultan. Néanmoins, l'officier turc, chargé de percevoir l'impôt, n'osait jamais pénétrer sur leur territoire et s'arrêtait à la limite où les chefs venaient le trouver. Retirés dans leurs montagnes et leurs vallées, les Sphakiotes ont toujours mené une vie, quasi sauvage et isolée du monde. Ils tirent tant bien que mal parti de leurs mauvaises terres, élèvent des bestiaux, font des fromages, fabriquent les étoffes et les ustensiles dont ils ont besoin. Quelques-uns sont marins, d'autres, bien plus nombreux, parcourent l'île en qualité de colporteurs et portent des marchandises un peu partout. De tous temps les Sphakiotes se sont distingués par leurs instincts belliqueux et leur amour de l'indépendance, il est rare que chez eux un homme sorte sans avoir sa longue carabine et ses lourds pistolets. Répartis dans leurs villages, les Sphakiotes sont toujours prêts à prendre les armes. Jadis la *vendetta* était pour eux une institution nationale et, quand ils étaient provisoirement en paix avec les Turcs, les haines héréditaires de famille donnaient lieu à des guerres civiles. Actuellement, ces mœurs du passé tendent à disparaître, et la lutte contre l'oppresseur a plus que jamais uni les Sphakiotes dans une action commune.

Il ne faut pas s'étonner si la Crète dans la situation où elle se trouve, dans l'isolement complet où elle a vécu, est un pays arriéré. Les colléges ou autres établissements d'instruction publique y sont inconnus. Les Crétois, qui font preuve d'une certaine culture intellectuelle, sont ceux que leurs familles ont envoyés passer quelques années à Athènes ou à Syra. Dans les villes, se trouvent quelques écoles primaires où l'on enseigne la lecture, l'écriture et le calcul; dans les campagnes, elles n'existent qu'à titre d'exception. Les Musulmans ne sont pas plus avancés que les Chrétiens, et dans les écoles annexées aux mosquées, les imans et les derviches se bornent à faire réciter le Koran. Néanmoins, malgré l'absence de toute culture, le peuple Crétois montre des dispositions, des instincts poétiques qui ne laissent pas d'étonner et de surprendre. Dans les villages les plus reculés, dans les vallées les plus agrestes se trouvent des chanteurs populaires dont l'imagination est à la fois riante et originale. La Crète possède une poésie qui lui est particulière, celle des *madinadœs* ou quatrains que l'on chante en dansant. Ces poésies, qui sont un souvenir des rapsodies de l'ancienne Grèce, célèbrent l'amour. Depuis le dernier siècle, quelques chants militaires ont été composés, et comme fierté, ils n'ont rien à à envier à ceux des héros d'Homère.

Le grec est, ainsi que nous l'avons dit, la langue parlée actuellement par les Crétois, mais il forme un dialecte particulier : il contient un grand nombre de mots et des formes de phrases empruntés à l'italien. Ensuite, il présente une particularité analogue à la langue que l'on parle dans la Péloponésie. C'est l'habitude de substituer l'articulation *tz* au son initial *hie*, *ie*, *i*, dans les anciens noms et de dire, par exemple, Tzerapetna pour Hierapytna. Le dialecte de Crète est très corrompu, et, de plus, possède quantité d'expressions locales. Néanmoins de tous les dialectes qui se parlent en Grèce, c'est celui qui est devenu le plus régulièrement une langue moderne. Il faut toutefois faire exception pour l'idiome usité par les Sphakiotes, qui se distingue du grec moderne par certaines particularités. Nombre de ses formes rappellent le dialecte dorien, qui autrefois était parlé dans toute la Crète. Notons que la plupart des madinadœs sont écrites en Sphakiote, que l'on peut jusqu'à un certain point considérer comme la langue littéraire de la Crète.

Les Crétois ressemblent beaucoup par leur caractère et leurs mœurs aux Grecs de l'Archipel. Ils n'hésitent pas à se servir de la ruse et du mensonge, quand ils pensent y trouver quelque utilité. Néanmoins, ils ont plus de fierté et de dignité que les autres Grecs soumis au sultan. Dans leurs rapports avec les Musulmans, ils n'ont rien de bas et de rampant. C'est ainsi qu'ils ne se gênent pas de parler ouvertement, devant leurs oppresseurs, des insurrections de l'île, de la part qu'ils y ont prise et de leurs espérances pour l'avenir. Les Crétois ne sont plus des *raïas,* comme les Chrétiens de l'empire ottoman; ce sont des hommes dans toute l'acception du mot. Ils n'ont pas peur du Turc, et la lutte contre lui ne les effraie pas, bien au contraire. Quelle que soit l'opinion que l'on peut avoir au sujet des Crétois, il faut reconnaître que malgré de longs siècles d'oppression, ils ont su garder leur religion, leur langue, leur nationalité, leurs espérances. Il existe peu de peuples qui aient montré une vitalité semblable à la leur. C'est pourquoi, on ne saurait trop le répéter, le peuple Crétois mérite d'être libre.

## CHAPITRE IV

**Une promenade à travers la Crète. — Les villes et les campagnes. — La situation économique.**

Un voyage en Crète n'a rien d'attrayant, et le touriste qui voudrait y trouver de fraîches vallées, des paysages plus ou moins gracieux, s'exposerait à de cruelles déceptions. Il en est de même de l'érudit qui, nourri des souvenirs classiques, débarquerait dans l'ancien royaume de Minos, avec l'espoir d'y revivre dans le passé. Une excursion à travers la Crète est des plus fatigantes et en même temps, elle attriste. Les villes sont des ruines : les campagnes présentent partout l'aspect de l'abandon et de la désolation. L'on s'aperçoit immédiatement que l'on est sur une terre soumise depuis longtemps à un régime odieux, à une dure oppression. La Crète, ainsi que toutes les autres provinces de l'empire ottoman, montre combien est vrai le proverbe qui a cours dans tout l'Orient : *Partout où le Turc met le pied, la terre reste sept ans sans rien produire.*

La ville la plus importante de la Crète est Candie que les Grecs appellent Mégalon Castron (grand château). Cette ville, située sur la côte septentrionale, à l'embouchure d'un petit fleuve, le Géorifon, a été, ainsi que nous l'avons dit, bâtie sur l'emplacement d'un des ports de Cnosse, Héracléion. Aujourd'hui, il y a une tendance marquée à lui donner ce nom. La distance qui séparait Héracléion de Cnosse ne dépassait guère une heure de marche. Aussi, dans l'antiquité, ce port était-il relié à sa métropole par des murailles qui rappelaient les longs murs du Pirée à Athènes. Au temps de la domination vénitienne, Candie jouissait d'une grande prospérité et était le siège d'un commerce très actif. « De toutes les parties du monde, » nous dit le Florentin Buondelmonte, qui la visita au seizième siècle, « il y vient des navires qui se chargent d'excellent vin. » Depuis que les Turcs s'en sont emparés, Candie est devenue une ruine. Ce n'est pas sans raison que Tournefort, qui y séjourna en 1700, nous dit en parlant d'elle : « Candie est la carcasse d'une grande ville, bien peuplée au temps des Vénitiens, marchande, riche et très forte. Aujourd'hui ce ne serait plus qu'un désert, si ce n'était le quatier du marché, où les meilleurs habitants se sont retirés. Tout le reste n'est que masures, depuis le dernier siège. Ses murailles ne laissent pas d'être bonnes et bien terrassées. A peine les Turcs en ont-ils réparé les brèches du dernier siège. » A cette époque, il ne s'était guère écoulé plus de trente ans depuis le siège, qui en avait duré vingt et un.

Aujourd'hui, Candie n'a pas recouvré son ancienne animation. La ville est toujours entourée de la même enceinte, qui a plus de quatre kilomètres de tour, et qui fut construite par les Génois. Elle est défendue par des fossés profonds, mais dépourvue d'ouvrages extérieurs. Trois portes donnent sur la campagne et la quatrième sur le port à l'intérieur ; les rues sont assez bien percées et les places présentent une régularité à laquelle l'on n'est pas habitué en Orient. Beaucoup de maisons, principalement dans la grande rue, autrefois le séjour des Patriciens, sont d'origine vénitienne.

Un certain nombre ont des jardins. L'enceinte est beaucoup trop large pour la population actuelle. Aussi, une partie de la ville est presque déserte, et l'on y trouve des ruines, qui n'ont pas été relevées depuis le siège. Les seuls monuments à remarquer à Candie sont : les restes de l'église Saint-François d'Assise, que les Musulmans avaient convertie en mosquée, et qui fut détruite par le tremblement de terre de 1856; l'ancienne église latine de Saint-Titus, le patron de la Crète, également devenue une mosquée; le palais de mutessarif, un hôpital civil, un hôpital militaire, une caserne pouvant loger trois mille cinq cents hommes, l'arsenal. L'on trouve des bazars approvisionnés de tous les produits d'Orient. Presque chaque maison a un puits, mais l'eau qu'il donne est de mauvaise qualité. C'est pourquoi la ville est alimentée par deux aqueducs construits par les Vénitiens. C'est également aux Vénitiens que l'on doit la belle fontaine, qui orne la grande place. La population de Candie, bien inférieure à ce qu'elle était autrefois, approche de 25,000 habitants, dont 17,000 Musulmans, 7,500 Chrétiens orthodoxes, une centaine de Catholiques et autant de Juifs. Les Musulmans ont vingt et une mosquées, les Chrétiens orthodoxes deux églises, les Catholiques une chapelle et les Juifs une synagogue. Jusqu'en 1855, Candie était la capitale officielle de la Crète.

Le port de Candie est protégé par une jetée terminée par un phare, et un môle commandé par un château. Ce port, autrefois, au temps de la domination vénitienne, fréquenté par les plus grands vaisseaux auxquels il offrait un abri sûr pour tous les vents, ne reçoit plus que de petits bâtiments. En 1794, le consul français, Olivier, disait, que s'il était creusé et entretenu, il pourrait recevoir trente ou quarante navires marchands. Il ajoutait qu'il n'y avait pas plus de huit à neuf pieds d'eau, dans l'intérieur, et une quinzaine à l'entrée. Depuis les choses n'ont fait que s'empirer. Les chantiers voûtés vénitiens, où jadis s'abritaient les galères de la République, se sont en partie écroulés. Le port s'ensable de plus en plus, et, grâce à l'incurie des Turcs, il finira par se combler. Il n'est plus accessible qu'aux caboteurs de cent tonneaux, et encore doivent-ils aller souvent compléter leur chargement à l'île Dhia, située à quelques milles, presque en face. Sans cela, il leur serait fort difficile de sortir. Les gros bâtiments sont obligés de mouiller en dehors du port. Une telle situation a forcément réduit le commerce de Candie, et cependant il dépasse encore, tant importations qu'exportations, 15 millions de francs dont près de la moitié a lieu sous le pavillon autrichien. Il porte principalement sur les huiles, les raisins secs, les caroubes, les savons, les vins, les amandes, les cotonnades, la quincaillerie, les bois, le sucre, le café. La France ne figure dans ce mouvement commercial que pour 1,600,000 francs. Son tonnage est insignifiant. Ses produits entrent en grande partie à Candie, sous pavillon étranger. A peu de distance de Candie se trouve le village de Cnossou, bâti sur l'emplacement de la cité de Cnosse, qui fut détruite par un tremblement de terre, en l'an 67 de notre ère, et dont il ne reste plus que quelques débris d'édifices et des restes d'anciens murs à demi écroulés.

La seconde ville de la Crète, comme importance, est la Canée, située ainsi que Candie, sur la côte septentrionale, mais beaucoup plus à l'ouest. Elle fut bâtie en 1252 par les Vénitiens sur l'emplacement de l'ancienne Cydonie; elle occupe une baie profonde entre deux promontoires. La ville et le port se trouvent compris dans une enceinte quadrangulaire dont la construction remonte à la domination vénitienne. Les fortifications ne sont pas sérieuses; leurs fossés sont transformés en jardins où l'on cultive les légumes, et il n'existe aucun ouvrage extérieur. La ville a deux portes. Le port est fermé par un môle d'environ 400 mètres de long, sur l'extrémité duquel se trouve un fanal. Un château en commande l'entrée, et au fond se trouve une sorte de citadelle, garnie de quatre canons Krupp et de plusieurs autres petits canons. La Canée rappelle la domination vénitienne. Beaucoup de maisons de nobles vénitiens existent encore avec leurs armoiries, sculptées sur les portes. Plusieurs sont ornées de moulures de la Renaissance; sur le fronton de plusieurs édifices publics, l'on voit encore le lion ailé de Saint-Marc. La plupart des maisons sont entassées et parfois mal distribuées. Les rues, à part quelques-unes qui sont nouvelles, sont étroites, mal pavées et consistent en ruelles sombres, obscures, tortueuses et remplies d'immondices. On les désigne sous le nom de *Venetika Strena*. Comme édifices publics, la Canée possède : le palais du vali, un palais de justice, deux casernes, un parc d'artillerie, vingt-deux mosquées, deux églises orthodoxes, une église catholique, deux synagogues. Mais tout est laid et insignifiant, et souvent délabré. Il y a sept fontaines qui alimentent d'eau la ville, La population dépasse 19,000 habitants dont 12,000 Musulmans, 6,500 Chrétiens orthodoxes, 200 Catholiques et 400 Juifs. Depuis 1855, la Canée est la capitale officielle de la Crète.

Le port de la Canée a l'avantage de correspondre à la partie la plus fertile de l'île, et en même temps, quoique aussi mal entretenu que les autres, il est moins ensablé. Les bâtiments de trois cents tonneaux peuvent y mouiller. Au temps des Vénitiens dont on voit actuellement les chantiers, c'était le siège d'un commerce fort actif. Aujourd'hui, les transactions sont loin d'être développées comme on pourrait le croire. Les exportations et les importations réunies atteignent le chiffre de 10,000,000 de francs et porte principalement sur les huiles, les savons, le froment, l'orge, les oranges, les caroubes, les cotonnades, les soieries, les indiennes, le café, le sucre, le sel. Au point de vue commercial, il est triste de constater que la France est à peu près inconnue à la Canée. Notre trafic se réduit à des chiffres insignifiants : 50,000 francs pour les exportations et 330 mille francs pour les importations. Nous nous sommes laissé devancer par toutes les autres puissances, même par la Roumanie. Ce que nous disons pour la Canée, il faut le reconnaître pour la plupart des îles et des ports de l'Archipel. Partout notre commerce y est en décroissance.

Les environs de la Canée sont assez riants. Tout autour s'étend une riche plaine plantée d'arbres fruitiers, surtout de cerisiers. Les cerises de la Canée sont renommées dans toute l'île pour leur goût et leur précocité. Les oliviers y sont nombreux. Contrairement à la ville, la campagne a l'avantage de n'être pas infestée de moustiques pendant la saison chaude. Les insectes y sont même assez rares. Celui qu'on trouve le plus communément est une grosse cigale, qui perche principalement dans les oliviers où elle fait grand bruit. A la porte de la

Canée, à environ une demi-lieue se trouve la petite ville de Halépa que l'on peut considérer comme son faubourg. Halépa doit son importance à son climat, qui est bien supérieur à celui de la Canée. Aussi, les fonctionnaires, les consuls, les principaux négociants y résident pendant la belle saison, et se rendent en ville chaque matin pour vaquer à leurs occupations. Halépa peut avoir 2,500 habitants. A 5 kilomètres de la Canée, se trouve la Suda, qui consiste en une baie dont l'ouverture est large de 6 kilomètres. Plusieurs flottes de guerre pourraient s'y abriter. C'est l'un des plus beaux mouillages de la Méditerranée, et qui, aux mains d'une puissance autre que la Turquie, deviendrait une station militaire de premier ordre. La Suda est un bourg de 6 à 700 habitants, presque tous Musulmans. C'est le siège de l'Amirauté de l'île. Le seul inconvénient que présente ce port, c'est que les fièvres intermittentes y règnent pendant l'été et l'automne. Tout à côté, se trouvent de belles salines, qui ne sont pas exploitées.

La troisième ville de la Crète est Rethymo, sur la côte nord, entre la Canée et Candie et à peu près à égale distance de ces deux villes.

Cette petite ville s'élève sur une plage sablonneuse, entre deux petits flèuves à l'entrée d'une plaine fertile; son aspect est en grande partie vénitien. Son enceinte, sa citadelle, sous laquelle s'étendent de vastes souterrains, plusieurs rues, un certain nombre de maisons datent de la domination de Venise. Rethymo a l'avantage d'être abondamment pourvu d'eau par un aqueduc; plusieurs maisons possèdent des jardins où se trouvent quelques palmiers. Le port est ensablé. Les barques seules peuvent y pénétrer, et les bâtiments de commerce sont obligés d'ancrer un peu plus loin et d'attendre là leur chargement. Malgré ces inconvénients, Rethymo est le siège d'un certain commerce. Ses exportations et ses importations atteignent 7,000,000 de francs et portent sur : les vins, les fromages, les caroubes, la soie, la laine, le miel, la cire, la quincaillerie, le sucre, le café. Dans ce mouvement la France ne figure que pour 160,000 francs! La population de Rethymo est d'environ 12,000 habitants dont les trois quarts sont Musulmans. Le reste, à part quelques Catholiques et Juifs, se compose de Chrétiens orthodoxes. Les environs de Rethymo présentent des vallées et des gorges assez profondes, des vignes et des bois où les oliviers se mêlent aux chênes. A une certaine distance, se trouve le monastère d'Agios Johannès, l'un des plus célèbres de l'île. La seule ville de la Crète encore à nommer est Sitia qui compte 3 à 4,000 âmes. Sitia est le chef-lieu du sandjack de Lassithi, qui comprend la partie la plus orientale de l'île. Les habitants de ce sandjack passent pour être d'humeur fort pacifique et avoir peu de dispositions belliqueuses. Au temps de la domination vénitienne, ils opposèrent une vive résistance, et la République de Saint-Marc ne put en venir à bout qu'en soumettant leur pays à un dépeuplement méthodique. Les autres villes de la Crète ne sont que des centres sans importance, des bourgs ou des villages.

Nous ne pouvons passer sous silence le monastère d'Arcadhi l'une des curiosités de la Crète; il est situé dans l'intérieur de l'île, et l'on peut s'y rendre de la Canée en deux ou trois jours, sans trop de fatigue. C'est la route que suivit Tournefort qui le visita. A cette époque, c'était le monastère de beaucoup le plus important de l'île; il comptait trois cents moines.

Tournefort nous dit qu'il consistait en *un grand bâtiment, situé dans une agréable vallée*, partagée en *vergers, vignes et terres labourables*. L'église n'avait rien de remarquable : ses deux nefs étaient enrichies de quelques tableaux, *malheureusement gothiques*, ajoute notre compatriote. En revanche, la cave du monastère contenait plus de deux cents pièces d'excellent vin, et les moines en avaient grand soin. Chaque année, après les vendanges, le supérieur ou higoumène venait le bénir en grande pompe, et récitait les prières suivantes imprimées dans le rituel grec : *Seigneur Dieu, qui aimez les hommes, jetez les yeux sur ce vin et sur ceux qui le boivent. Bénissez nos muids, comme vous avez béni les puits de Jacob, la piscine de Siloé et la boisson de vos saints apôtres. Seigneur, qui voulûtes bien vous trouver aux noces de Cana où par le changement de l'eau en vin vous avez manifesté votre gloire à vos disciples, envoyez présentement votre Saint-Esprit sur ce vin et bénissez-le en votre nom. Ainsi soit-il.* Actuellement, le monastère d'Arcadhi n'est plus ce qu'il était autrefois. Les guerres de 1821 et de 1868 lui ont porté un coup terrible. A diverses reprises, les Turcs sont venus le piller et le saccager. Il a perdu une partie de ses propriétés et ses moines sont peu nombreux. Néanmoins, c'est toujours le principal monastère de l'île, un sanctuaire vénéré et fréquenté par de nombreux pèlerins.

Dans l'antiquité, la Crète était, ainsi que nous l'avons dit, le siège d'une civilisation brillante. L'on y comptait, dit-on, jusqu'à cent villes dont quelques-unes étaient de véritables métropoles. Toutes ces villes ont disparu et n'existent plus qu'à l'état de souvenir. Sur l'emplacement de Cnosse, s'élève un misérable village. A peine trouve-t-on çà et là quelques rares vestiges, qui attendent les explorations des archéologues. Néanmoins, la vieille cité pélasgique de Gortyne n'a pas disparu ; seule elle a subsisté jusqu'à nos jours. Située au bord d'une plaine, au débouché d'une gorge profonde non loin du mont Ida, dans le versant méridional, Gortyne donne une idée de son ancienne puissance. Son enceinte de murailles formées d'un calcaire grossier et blanchâtre a 8 kilomètres de tour et est presque intacte. Les ruines se somposent principalement d'un amphithéâtre, assez bien conservé, d'un pont, des restes d'un aqueduc et d'un grand temple. Sur le sol gisent : des colonnes de marbre et de granit, des piédestaux, des chapiteaux, des architraves, quelques figures, des statues sans tête ; une porte est encore debout. Tournefort, qui visita les ruines de Gortyne, nous dit qu'à l'extrémité de la ville, il découvrit un gros ruisseau, et il suppose que c'était l'ancien Léthé dont parle Strabon, et qui se répandait dans les rues. Gortyne existait encore à la fin du moyen-âge ; les chevaliers de saint Jean de Jérusalem y avait une commanderie. Aussi, il n'est pas douteux que, si des fouilles étaient faites à Gortyne, elles seraient fécondes en résultats.

Autrefois la Crète passait pour une terre privilégiée. Les auteurs de l'antiquité nous parlent de ses plaines qui se couvraient de riches moissons de blé, de ses arbres qui donnaient des fruits en abondance, de ses vins délicieux, qui ont été célébrés par Homère, de ses fromages dont la réputation était connue dans toute la Grèce. Au moyen-âge, les Vénitiens y ont cultivé la canne à sucre et le coton. Des irrigations habilement pratiquées répandaient l'eau partout. Aujourd'hui, il n'en est plus ainsi. Néanmoins, il n'en faudrait pas conclure que la Crète soit en quelque sorte maudite. Les campagnes sont assez fertiles; malheureusement, un tiers à peine des terres est mis en culture. Les villages ont un aspect misérable, et souvent dans un centre de deux cents maisons, il n'y en a guère que cinquante qui soient debout. Les autres sont délabrées. En Orient, et surtout sous le régime turc, il n'est pas prudent de passer pour riche, et quiconque ferait réparer sa maison, serait réputé avoir de l'argent et exposé aux vexations du pacha, ou de l'agha qui essaierait de le dépouiller. Une ferme crétoise n'a rien de séduisant. C'est un bâtiment construit en pierres cimentées avec du torchis, et souvent la terrasse se compose de poutres mal équarries et recouvertes de roseaux sur lesquels l'on étend une sorte de terre argileuse. Les étables ne sont pour la plupart que des hangars. Le paysan n'a pas amélioré sa condition ainsi que dans d'autres pays. Il se nourrit, la plupart du temps de pain d'orge, de chevreau, d'olives, et il y a trente et quelques années, il ne buvait du vin que dans les grandes occasions.

Avec un tel état social, il ne faut pas s'étonner, si l'agriculture en Crète est encore rudimentaire. L'assolement y est inconnu, l'on peut en dire presque autant de l'emploi des engrais. Quant au sarclage, il n'est pratiqué qu'à titre d'exception. La charrue, qui est d'une simplicité extrême, consiste en une araire en bois, sans versoir, sans coutre, sans roue. Son socle est très étroit, et elle n'a qu'un seul mancheron. Aussi, son maniement est assez pénible, et il en résulte que les sillons sont courts, irréguliers et mal espacés. La herse est remplacée par une planche en bois, très épaisse, à laquelle on attelle des bœufs, après l'avoir chargée de pierres. L'on ne se sert pas de la faux dont l'existence est à peu près ignorée. Pour battre le grain, l'on se contente de le faire piétiner dans l'aire par les pieds des bœufs et des chevaux. Aucun soin n'est apporté à la distribution et à l'aménagement des eaux. Les rivières sont abandonnées à ceux qui veulent s'en servir. Les canaux sont comblés, si bien que la Crète, qui est un pays bien arrosé, grâce à ses nombreux petits cours d'eau, souffre parfois de la sécheresse. Il en résulte que les pâturages manquent en Crète, et que les seules prairies artificielles que l'on connaisse sont des champs ensemencés de lupins et de vesces, que l'on donne en vert aux animaux. Du reste, le bétail est fort négligé : l'usage de la litière est presque ignoré et l'on ne cherche pas à améliorer la race au moyen de croisements. L'élevage du ver à soie pourrait être une industrie des plus fructueuses, il n'en n'est rien ; il n'y a aucune magnanerie dans l'île. Chaque famille possède quelques mûriers. S'il en était autrement la soie travaillée donnerait lieu à une exportation bien plus considérable qu'elle ne l'est actuellement.

Les deux principaux produits de la Crète sont le vin et l'huile, et néanmoins aucun soin n'est apporté à leur préparation. La taille de la vigne est défectueuse, et l'on n'y porte jamais d'engrais. L'on vendange au mois d'août. Le pressoir est presque inconnu. On transporte les raisins dans un fouloir construit en maçonnerie, au milieu de la vigne ; on les y amoncelle, et on les y laisse plusieurs jours exposés au soleil. Après quoi, on les y foule. Le moût est ensuite transporté à la maison dans des tonneaux. La plupart des habitants y ajoutent un quart d'eau, et même du sel, du plâtre et de la chaux pour lui donner un piquant fort recherché des Orientaux. Il en résulte que le vin, quoique agréable au goût, manque de ce que nous appelons « le bouquet » et qu'il est d'une vente difficile au dehors. Il n'en est pas de même du raisin que l'on mange, soit sec, soit frais. Son exportation augmente tous les jours. Le marc de vin est utilisé par les Crétois, qui en tirent une eau-de-vie de médiocre qualité, qui se consomme exclusivement dans le pays. La récolte de l'olive se fait de septembre à février. Le plus souvent la cueillette se fait à la main. Quelquefois, l'on emploie la gaule pour abattre les olives et l'on reçoit les fruits sur des draps que l'on étend au pied de l'arbre. Si les Crétois savaient préparer leurs huiles, ils auraient un produit de première qualité. Malheureusement, comme tout est routine chez eux, ils n'y apportent aucun soin. Les moulins dont ils se servent sont des plus primitifs. L'huile de la Crète a un goût rance et ne peut figurer sur les marchés d'Europe.

Le sol de la Crète convient merveilleusement aux vergers, et cependant les arbres fruitiers ne sont que d'un revenu insignifiant. Les fruits, principalement la poire et la pomme, sont d'une médiocre qualité, sans goût, sans saveur. Cette infériorité tient uniquement à ce que les paysans ne se donnent pas la peine de greffer leurs arbres fruitiers, et les laissent, la plupart du temps, venir à l'état sauvage. Le meilleur fruit de l'île, c'est l'orange, que l'on estime et recherche beaucoup à Constantinople et dans les principales villes de l'empire ottoman. Un oranger en plein rapport peut donner deux mille à deux mille cinq cents oranges par an.

Le déboisement a eu lieu en Crète, et là, comme partout, il a fait sentir ses effets désastreux. Les forêts sont devenues beaucoup plus rares et ne sont plus aussi fournies qu'autrefois. Elles se composent principalement de chênes verts, d'arbousiers, de cèdres, de pins, de cyprès et d'érables. Le myrte se rencontre presque partout. Néanmoins, quoique l'île soit déboisée, elle peut encore fournir des bois de construction et d'ébénisterie, au delà de ses besoins, et si elle s'adresse à l'étranger, c'est uniquement à cause du manque de routes et de communications dans l'intérieur.

Cet exposé sommaire de l'agriculture suffit pour indiquer la situation économique de la Crète. Les grands domaines sont inconnus; il en est de même des grandes fortunes. Quiconque possède 60 à 80,000 francs est réputé riche. Il y a un fait sur lequel nous ne saurions trop insister. Depuis cinquante ans, la propriété foncière n'a pas cessé d'échapper aux mains des Musulmans pour passer dans celles des Chrétiens, et en même temps, le sol se morcelle de plus en plus. Beaucoup de cultivateurs sont maintenant propriétaires de leur petite ferme. Le Musulman qui, la plupart du temps, vit dans les villes est peu à peu ruiné par l'usure et obligé d'abandonner sa tente à ses créanciers. Le Grec, à la différence de ses compatriotes du continent, s'adonne peu au commerce et est avant tout cultivateur. Pour se rendre acquéreur d'un champ qui arrondit sa propriété, il s'imposera les plus durs sacrifices, recourra à l'emprunt dont le taux va souvent jusqu'à 20 0/0, et à force de gênes et de privations, il finira par se libérer, C'est une véritable révolution économique, qui s'est opérée en Crète, et son importance a été extrême.

L'industrie en Crète est presque nulle et se borne à la fabrication de fromages de lait de chèvres, de brèbis, à l'extraction des huiles, à quelques savonneries et tanneries, au filage d'un peu de soie, et à la fabrication d'une poterie assez grossière. Avec la laine des moutons, les habitants font des tissus d'un travail commun, qu'ils teignent eux-mêmes en couleur voyantes avec des herbes du pays, des couvertures, des tapis. Mais aucun de ces tissus ne sort de l'île. Cependant dans quelques parties de la Crète, chez les Sphakiotes, dans les vallées de Lassithi, la confection des étoffes constitue un véritable métier et l'on sent que sans le régime turc, des industries ne tarderaient pas à se développer. Pour le moment, il n'en est pas ainsi. C'est pourquoi, le commerce de la Crète, qui est loin d'être ce qu'il pourrait être, n'atteint environ que 55 millions de francs, qui se partagent à peu près également entre les exportations et les importations. Les exportations portent principalement sur les huiles d'olive, les vins, les caroubes, les savons, les peaux brutes, les fruits, surtout les oranges et les raisins secs, un peu de soie. Les huiles représentent une valeur de 13 millions, les vins 1,800,000, le savon 1,800,000, les caroubes 1,600,000, la soie 500,000, etc. Les importations sont le blé, l'orge, le riz, le café, le sucre les tissus, les draps, la quincaillerie, les pâtes alimentaires, le sel, le beurre, le fer, le plomb, la poterie, la verrerie, les bougies, les sardines, les cuirs, le papier, le pétrole, etc. Les ports avec lesquels la Crète est en rapport sont : Constantinople, Salonique, Trieste, Alexandrie, Odessa, Londres, Marseille, Smyrne et Tripoli de Barbarie.

## CHAPITRE V

**Les tentatives des Crétois pour recouvrer leur indépendance. — Les insurrections. — La constitution de 1867.**

Un régime aussi odieux que l'était la domination turque enfanta bientôt en Crète, ainsi que dans toute la Grèce, des haines terribles qui ne demandaient qu'à se traduire par des actes. Mais les Grecs étaient impuissants et même ignorés de l'Europe; ils se trouvaient seuls en présence de leurs oppresseurs. Leur pays était devenu presque inconnu. Le premier voyageur qui visita la Crète depuis la conquête ottomane fut Tournefort. Le récit qu'il publia de son voyage, au commencement du dix-huitième siècle, passa presque inaperçu pour la plupart de ses contemporains. Qui est-ce qui pouvait s'intéresser dans l'Europe occidentale à l'île de Candie, depuis qu'elle avait cessé d'être une possession vénitienne. Les marchands de Marseille, qui venaient y acheter des huiles d'olives et des muscats et y vendre du savon, s'occupaient fort peu de la situation des Chrétiens de la Crète. Une telle question leur eût même paru oiseuse. Elle ne pouvait présenter de l'intérêt que pour les quelques Capucins que la France envoyait desservir les chapelles catholiques de Candie, de la Canée et de Rethymo.

Quoique tout espoir fût en quelque sorte perdu pour eux, les Crétois espéraient toujours. Retirés dans leurs montagnes inaccessibles, les Sphakiotes avaient conservé une indépendance à peu près complète, et, à chaque instant, ils échangeaient des coups de fusils avec les Turcs. Au dix-huitième siècle, la Russie, en paraissant sur la scène politique, s'était révélée à l'Europe comme une grande puissance. Elle se montrait sympathique aux Grecs, les protégeait. Dans toute la Grèce, on la regardait comme devant être la puissance libératrice, celle qui devait substituer la croix au croissant sur le dôme de Sainte-Sophie à Constantinople et rétablir l'Empire Byzantin. Pour les Grecs, les

Russes étaient des coreligionnaires; des relations suivies s'étaient établies entre eux et la cour de Saint-Pétersbourg. Un réveil hellénique coïncidait avec l'intervention du tzar. Il était bien évident qu'à la première occasion, un mouvement national allait se produire et montrer à l'Europe que la nationalité grecque n'avait pas disparu, et qu'elle existait toujours.

En 1767, la Russie avait déclaré la guerre à la Turquie. Les émissaires de Catherine II avaient paru dans l'Orient exploitant les passions religieuses et cherchant à insurger les populations chrétiennes contre le sultan. Un vaste soulèvement fut ainsi préparé: il devait éclater aussitôt que la flotte russe paraîtrait. Le comte Orloff avait persuadé à sa souveraine qu'à la vue du drapeau russe, cent mille Grecs prendraient les armes. Il quitta la Baltique avec une petite escadre, et, après avoir fait le tour de l'Europe, il entrait dans l'Archipel, en 1770. Dans la Morée les Maïnotes, dans la Thessalie et la Livadie les Klepthes, dans l'Épire les Souliotes s'étaient soulevés. Ce mouvement avait eu son contre-coup en Crète. Les Sphakiotes s'étaient prononcés pour la révolte à l'instigation d'un de leurs chefs connu sous le nom de maître Jean. L'expédition du comte Orloff ne pouvait pas réussir et était condamnée à échouer. Elle n'eut d'autre résultat que l'incendie de la flotte turque à Tchesmé, en face de Chios. Partout les insurrections des Chrétiens furent durement réprimées. Les Sphakiotes n'avaient pas eu le temps de soulever la Crète, lorsque le pacha de Candie parvint à porter le fer et le feu jusqu'au cœur de leurs montagnes. Les malheureux Sphakiotes se virent enlever beaucoup de femmes et d'enfants et perdirent leurs troupeaux. Nombre d'entre eux périrent, et ils furent obligés de payer le Karatch. Leur pays devint un apanage de la sultane mère, la *Sultane Validé*. Cette levée de boucliers n'avait servi qu'à rendre plus dur le joug qui pesait sur la Crète. Mais elle avait laissé de profonds souvenirs dans l'esprit de la population et réveillé les espérances. Un chant populaire en perpétua la mémoire. Il célébrait *maître Jean*, qui devait amener les Russes libérateurs et défiait au nom des hommes de cœur, des Pallikares, des Sphakiotes, les armées et la flotte du sultan. Ce chant était répété dans toute la Crète. Pour les Turcs, c'était un chant séditieux; pour les Crétois, c'était en quelque sorte l'hymne national.

Le sort des Chrétiens ne pouvait naturellement qu'empirer. L'île devint la propriété, la chose des Musulmans qui étaient organisés en compagnies de Janissaires; assurés qu'ils étaient de l'impunité, leurs exactions et leurs cruautés n'avaient plus de bornes. Beaucoup de Crétois émigraient et se rendaient en Russie, principalement à Odessa. Les Janissaires candiotes se regardaient comme à peu près indépendants du sultan ou tout au moins étaient peu disposés à tenir compte de ses ordres. C'est ainsi que quatre pachas, qui ne voulaient pas être dociles à leurs volontés, furent déposés par eux et renvoyés à Constantinople. Ce qui se passait à Alger, à Tunis, se répétait à Candie. Une soldatesque indisciplinée était maîtresse de l'île. La Porte finit par s'inquiéter de cette situation, et en 1813, elle envoyait dans la Crète avec le titre de gouverneur général, Hadji-Osman-Pacha, qui s'était toujours distingué dans les divers emplois qu'il avait exercés. Hadji-Osman vit de suite que, pour rétablir dans l'île l'autorité du sultan, en même temps que la sécurité, il fallait abattre la puissance des Janissaires. Pour y parvenir, il s'entendit secrètement avec les Chrétiens, leur fit distribuer des armes et leur ordonna de se tenir prêts aux premier signal. A un moment donné, la plupart des beys, qui commandaient les Janissaires, étaient attirés par Hadji-Osman dans un guet-apens, arrêtés et décapités, sans autre forme de procès. En même temps, des bandes de Chrétiens armés se montraient dans les villes, s'emparaient des Musulmans, qui s'étaient le plus signalés par leurs cruautés, et les amenaient au Pacha, qui ordonnait de les mettre à mort. C'est à la Canée, la résidence d'Hadji-Osman que les exécutions avaient lieu. Pendant deux mois, au moment du coucher du soleil, une salve d'artillerie apprenait à la ville combien le bourreau avait coupé de têtes dans la journée. Les Turcs tremblaient; quant aux Grecs, ils dansaient de joie. Malheureusement, Hadji-Osman était devenu suspect au sultan, qui pour le récompenser de ses services, le fit étrangler. Après lui, les abus reparurent comme par le passé, et la Crète retomba au pouvoir de ses Janissaires.

La population était à bout de patience, et il fallait s'attendre à la voir tôt ou tard recourir à la force. A la nouvelle de l'insurrection de la Grèce continentale, en **1821**, une grande effervescence se manifesta parmi les Chrétiens de l'île. Les Musulmans n'attendirent pas la révolte et donnèrent le signal des massacres. Les campagnes étaient ravagées, beaucoup de villages incendiés, des monastères saccagés, les femmes violées et vendues, de nombreux prisonniers étranglés, noyés ou brûlés vifs. A Candie, l'archevêque, cinq évêques, plusieurs prêtres et cinq à six cents Chrétiens étaient égorgés dans la cathédrale où ils s'étaient réfugiés. Ces atrocités ne firent que rendre l'insurrection plus formidable. Aux Sphakiotes, qui les premiers s'étaient soulevés, s'étaient joints tous les Chrétiens. En moins d'un an, l'île tout entière était en leur pouvoir, et il ne restait plus aux Musulmans que les places fortifiées de la côte. La Porte appela à son secours le vice-roi d'Égypte, Méhémet-Ali qui envoya dans la Crète sept mille Albanais prêter main-forte aux Turcs. La lutte continua avec le même acharnement. Pour vaincre l'insurrection, il fallut qu'Ibrahim-Pacha vint lui-même avec une véritable armée, dans le courant de 1824. Le sang coula à flots, et à voir la résistance que les Chrétiens opposaient à leurs oppresseurs, l'on aurait dit une épopée des antiques. Au bout de six mois, Ibrahim-Pacha avait la tranquille possession de l'île, mais il n'avait que des ruines ensanglantées. Plusieurs milliers de Chrétiens avaient péri, beaucoup avaient émigré; les autres se cachaient dans les montagnes ou mouraient de faim.

En 1827, avait lieu la bataille de Navarin et, en 1830, la Grèce était constituée en État indépendant, dans la conférence de Londres. Mais les représentants des trois puissances protectrices, la France, l'Angleterre, et la Russie, prétextant, bien à tort, des nécessités diplomatiques, ne voulurent pas y joindre la Crète, et cependant les Crétois, en récompense de leur sang abondamment versé, avaient le droit d'être libres tout aussi bien que les Grecs du Péloponèse, de la Livadie et des Cyclades. Néanmoins, les puissances européennes reconnurent que la Crète ne pouvait rester possession turque, et elles obtinrent du sultan Mahmoud II sa cession à l'Égypte. Le régime égyptien, quoique fort dur et même oppressif, était de beaucoup préférable à la domination de la Porte, et la Crète lui doit certaines améliorations; il devait être éphémère. En 1840, lorsque le traité de la quadruple alliance eut été, à la suite des affaires de Syrie, accepté par Méhémet, la Crète repassa sous la domination du sultan.

Les Crétois étaient peu disposés à accepter de nouveau le joug des Turcs, et en 1841, ils se soulevaient. Cette insurrection d'ailleurs sans grande importance, fut comprimée. Il ne tenait qu'au gouvernement du sultan d'introduire les réformes dans l'administration de la Crète. Il n'en fit rien. Si la situation des Chrétiens était moins misérable qu'autrefois, elle n'en était pas moins fort précaire. Pour le Grec, il n'y avait aucune sécurité, et, suivant le bon plaisir d'un pacha, il pouvait être arrêté, bâtonné, dépouillé de ses biens, et quelquefois mis à mort. Dans un procès, dans une querelle avec un Musulman, il avait toujours tort. C'était le règne du bon plaisir, comme par le passé, et aucune garantie, aucune protection n'existait pour lui contre la rapacité de ses maîtres; il ne faut pas s'étonner si, sous le gouvernement du vali Véli-Pacha, qui sous les dehors européens cachait la barbarie asiatique, une insurrection éclata en 1855. Elle avait été amenée par les provocations des Musulmans. Pendant trois ans, des bandes parcoururent l'île, et parfois les rassemblements atteignirent des effectifs de plusieurs milliers d'hommes. Les Chrétiens faisaient preuve de la plus grande modération. Le calme se rétablit comme par enchantement, lorsqu'on apprit, dans le courant de 1858, la destitution de Véli-Pacha. Le nouveau vali Sami-Pacha, homme fort adroit et avisé, donna quelques années de calme à la Crète. Le seul événement à noter, sous son administration, fut une certaine agitation, qui se produisit parmi les Musulmans en 1861, contre-coup des massacres de Syrie.

En 1858, le gouvernement du sultan avait promis des réformes, mais il n'avait tenu aucun de ses engagements. L'exagération des taxes et des droits de douane, la perception arbitraire des impôts, les fréquents dénis de justice des tribunaux turcs, le refus de construire des routes dont l'île était complétement privée et le mauvais entretien des ports des trois principales villes par où se faisait la plus grande partie du commerce extérieur avaient soulevé des plaintes générales chez les Crétois, et à juste titre; après avoir patienté pendant plusieurs années, ils adressaient à la Sublime-Porte une requête contre leur vali Ismail-Pacha; en même temps, ils exposaient dans une supplique leurs griefs ainsi que les réformes qu'ils souhaitaient. Ismail-Pacha défendit les rassemblements, menaça de traiter en rebelles tous ceux qui s'y rendraient et concentra des troupes. Le 1er août 1866 arriva la réponse de Divan; elle ne contenait que des promesses vagues, illusoires et ordonnait d'une façon absolue la soumission aux ordres du sultan. L'insurrection éclata aussitôt, et l'assemblée générale des Crétois proclama la réunion de l'île au royaume de Grèce.

L'insurrection était générale, et la plupart des détachements turcs, surpris dans les défilés des montagnes, furent refoulés en désordre sur Candie et la Canée, ou obligés de capituler. Pour étouffer la révolte, la Porte envoya à diverses reprises quarante mille hommes qu'elle fit accompagner d'un commissaire extraordinaire, muni de pleins pouvoirs, Kiritli-Pacha. Peu après, Omer-Pacha venait prendre la direction des opérations. Mais, comme il disposait de forces insuffisantes, il ne put rejeter les insurgés dans les Monts Blancs et les y cerner. Bien plus, plusieurs de ses colonnes étaient battues et dispersées. Ces échecs répétés exaspéraient la colère du sultan, qui voulait se porter aux plus grands excès. C'est en vain que la France, la Russie, la Prusse et l'Italie demandaient au gouvernement turc l'envoi d'une commision internationale en Crète, pour y constituer une administration autonome. Encouragé par l'abstention de l'Angleterre et de l'Autriche, le sultan refusa. La guerre continuait, et le sang coulait à flots.

L'insurrection crétoise avait naturellement provoqué toutes les sympathies de la Grèce. Des comités, installés à Athènes, recueillaient des fonds, organisaient des souscriptions et équipaient des corps de volontaires; de tous les ports grecs sortaient des corsaires qui allaient ravitailler les insurgés. Il se produisait un mouvement irrésistible et la Grèce se préparait à la guerre. Malheureusement, elle n'avait pas pour elle les sympathies de tous les cabinets de l'Europe. L'Angleterre, l'Autriche et la Russie se prononçaient ouvertement contre elle. La France, au premier abord, avait paru être assez favorable aux Crétois. Son ministre des affaires étrangères, M. le marquis de Moustier avait déclaré, le 27 décembre 1866, que *la Crète était un pays perdu pour la Turquie.* Le 13 mars 1867, il avait écrit à Lord Stanley *que la séparation de la Crète, aux yeux de son gouvernement, était inévitable et, ce que la Porte avait de mieux à faire, c'était de consulter loyalement la population, pour savoir si elle désirait l'annexion à la Grèce.* Puis, sans savoir pourquoi, le cabinet des Tuileries s'était ravisé, et nous nous étions mis à soutenir vigoureusement la Turquie. Malgré tout, la *question d'Orient* semblait vouloir se rouvrir et la diplomatie résolut d'empêcher l'explosion d'une guerre qui pouvait embraser l'Europe. Au mois de janvier 1869, une conférence se réunissait à Paris ; elle comprenait les représentants des six grandes puissances, plus celui de la Turquie. Le représentant de la Grèce, M. Rhangabé y était admis avec voix consultative. La cause des Crétois était perdue; abandonnés de l'Europe qui ne fit que prendre acte de la sorte de constitution que le sultan leur avait accordée, en 1867, ils ne pouvaient résister plus longtemps. Pour en venir à bout, les Turcs durent se résigner à de grands sacrifices d'hommes. L'épisode le plus célèbre de cette guerre est la défense du couvent d'Arcadhi que les femmes crétoises firent sauter, préférant s'ensevelir sous ses ruines avec leurs ennemis, plutôt que de se rendre.

Quoique vaincus, les Crétois avaient cependant réussi à améliorer leur situation. Un iradé, du 18 septembre 1867, avait doté leur île d'une constitution qui leur donnait un régime particulier. D'après cette nouvelle organisation, la Crète formait un vilayet gouverné par un vali, nommé par le sultan pour cinq ans, et résidant à la Canée. Son traitement était de 3,000 livres turques ou de 70,000 francs. Le vali était assisté d'un *mouchavir* ou conseiller. Dans le cas où le vali était Musulman, le mouchavir devait être Chrétien. Si, au contraire, le vali était Chrétien, le mouchavir était Musulman. L'île était divisée en cinq gouvernements ou sandjacks : Candie, la Canée, Rethymo, Lassithi et Sphakia. Chaque gouvernement avait à sa tête un mutessarif, qui pouvait être Musulman ou Chrétien. Les gouvernements se subdivisaient en éparchies; l'on en compte vingt-trois. Les éparchies étaient administrées par des kaïmakans dont la majorité devait appartenir à la religion chrétienne. Le vali était assisté d'un conseil administratif de dix membres, dont cinq Musulmans et cinq Chrétiens. De plus, une assemblée générale, nommée par l'élection et composée de quatre-vingts membres dont quarante-neuf Chrétiens et trente et un Musulmans, siégeait, chaque année, de quarante à soixante jours, à la Canée, pour s'occuper de toutes les questions intéressant spécialement la Crète. La justice était rendue par une cour d'appel, cinq tribunuaux de première instance, et trois tribunaux de commerce. La langue officielle était le grec. Indépendamment des troupes turques qui tenaient garnison dans l'île, sous le commandement d'un *férik* ou général de division et de deux *livas* ou généraux de brigade, il existait une gendarmerie locale, forte de deux mille cinquante-deux hommes.

Son rôle consistait à veiller à la sécurité locale ; elle se recrutait exclusivement parmi les indigènes, à l'exception du colonel, qui devait être Musulman. Les dépenses militaires étaient supportées par le gouvernement du sultan, qui percevait les recettes de la douane, le revenu des droits établis sur le tabac et le sel, les revenus des fondations pieuses à la charge de les entretenir. L'excédent des recettes, déduction faite des frais de l'administration locale, devait être partagée en deux moitiés égales. L'une était réservée au trésor du sultan et l'autre affectée aux travaux d'utilité publique. En cas de déficit, le gouvernement turc s'engageait à donner à la Crète une somme pouvant s'élever jusqu'à la moitié des revenus des douanes. L'administration financière devait être régulasée. Enfin, à titre de mesure provisoire, une remise de deux années de dîme était faite aux habitants de la Crète, à partir du 1er mars 1868.

Sur le papier, cette constitution était parfaite, et il semblait qu'elle allait donner d'heureux jours à la Crète. Mais dans son application, il devait en être autrement. En Turquie, il ne faut pas l'oublier, les réformes sont purement illusoires ; elles ne sont jamais mises à exécution, et elles n'ont pas d'autres but, que de jouer et tromper l'intervention de l'Europe. Pour que la Crète pût jouir réellement de son nouveau régime, il aurait fallu que la Conférence de 1869 imposât les commissaires des puissances européennes dans l'assemblée générale des Crétois. De plus, il eût été indispensable de placer des commissaires près du vali, afin de surveiller ses actes et sa conduite. Mais, en prenant une semblable détermination, la Conférence redoutait de créer une cause permanente de conflits entre les différentes puissances et de rouvrir la question d'Orient. Qu'est-il arrivé? La nouvelle constitution de la Crète en est restée à l'état de théorie, ou peu s'en faut. Le vali a rendu illusoires ou inutiles les décisions de l'assemblée générale. C'était en vain que cette dernière réclamait des attributions plus étendues, et demandait que le produit des domaines de l'impôt sur le tabac, ne fît pas retour au sultan, ainsi que la moitié de l'excédent des recettes, mais fût employé dans l'île à des travaux d'utilité publique. Il n'était pas tenu compte de ses demandes que l'on trouvait ridicules. Le même arbitraire présidait à la perception de l'impôt, et la justice était rendue d'une façon aussi inique que par le passé. Les Chrétiens étaient soumis aux même vexations, et leur infériorité, vis à vis des Musulmans, était à peu près restée la même. Le gouvernement du sultan prenait, en quelque sorte, plaisir à violer ses engagements. C'est ainsi que, contrairement à l'un des articles de la constitution qu'il avait accordée à la Crète, il avait envoyé tenir garnison à la Canée un millier de soldats recrutés parmi les Musulmans de la Cyrénaïque, qui, peut-être, plus que partout ailleurs, se font remarquer par leur férocité et leur fanatisme. La situation ne faisait que s'empirer.

Pendant la guerre, qui éclata en 1877, entre la Russie et la Turquie, des troubles éclatèrent dans l'île. Lorsque la paix fut signée, en 1878, les Crétois se demandèrent, et avec raison, pourquoi ils n'étaient pas traités sur le même pied que les Bulgares, et ils y avaient autant de droits. Au congrès de Berlin, l'on s'occupe à peine de la Crète. L'article 23 du traité se bornait à exiger du sultan une application sérieuse de la constitution de 1867, qui donnait à l'île une semi-autonomie. Les puissances signataires du traité de Berlin prenaient l'engagement d'en assurer l'exécution. Le sultan rendit ce qu'on a appelé l'*acte de Halépa*, non de bonne volonté, mais forcé par l'Europe. L'acte de Halépa devait se traduire par une application sincère de la constitution de 1867. Pour la Porte, c'était une promesse sans valeur, et elle ne devait pas plus tenir compte de l'article 23 du traité de Berlin, qui concernait la Crète que de l'article 61 relatif aux Arméniens.

Il ne faut pas s'étonner si la Crète est restée une sorte de volcan. L'on peut dire que l'incendie couvait sous la cendre, et il suffisait de la moindre étincelle pour le rallumer. En voyant renaître leurs espérances les Crétois étaient devenus plus audacieux. Au lieu de chercher à rétablir le calme, la Porte prenait, en quelque sorte, plaisir à ranimer les haines, à provoquer les révoltes. Il fallait s'attendre fatalement à des insurrections périodiques. C'est ce qui arriva. En 1886, la Crète se soulevait. La Grèce voulait se porter à son secours. L'Europe fut effrayée de voir se rouvrir la question d'Orient. Le blocus du Pirée fut, à ce moment, signifié au cabinet du roi Georges. La France, qui n'avait pas oublié la journée de Navarin, refusa de s'y associer, on ne saurait trop le rappeler. En janvier et en juin 1887, de nouveaux troubles éclataient dans l'île; en 1889, c'était une véritable insurrection. Le gouvernement turc s'en rendit maître, mais il profita de l'occasion pour réduire les privilèges inscrits dans l'acte de Halépa, et qui, du reste, n'avaient jamais eu, à vrai dire, une existence réelle. La Porte montrait, ainsi que son intention était, de ramener la Crète au régime d'autrefois. C'était une violation formelle de l'article 23 du traité de Berlin, et, cependant, les puissances signataires de ce même traité, restèrent impassibles. Elles paraissaient avoir oublié qu'il était de leur devoir et de leur dignité de faire honneur à leurs signatures.

En 1896, la Crète était, de nouveau, le théâtre d'une insurrection, qui aboutit à une nouvelle constitution, grâce à l'action concertée des six puissances. Les Crétois avaient été victorieux, durant cette insurrection, sur presque tous les points. Néanmoins, lorsque la diplomatie voulut leur faire comprendre qu'il fallait pour ne pas troubler la paix du monde, que la Crète restât à la Turquie, les chefs des Crétois firent preuve d'une modération incroyable. Ils consentirent à déposer les armes, conformément au vœu exprimé par les grandes puissances, tout en leur faisant observer que leur soumission ne servirait à rien. Le cabinet hellénique avait fait parvenir à toutes les chancelleries une note identique. L'Europe se faisait les illusions les plus étranges, et l'on eût dit qu'elle demandait en quelque sorte à être trompée. Elle croyait qu'à force de tergiversations, elle arriverait, sinon à résoudre la question crétoise, tout au moins à l'éloigner. C'est là qu'était son erreur. Son intervention fut regardée, comme toujours, par la Porte, comme un acte de faiblesse. En présence de son apathie, le gouvernement du sultan se croyait tout permis. Dans le courant de 1896, il organisait le massacre des Arméniens, et, plusieurs provinces de l'Asie-Mineure furent le théatre d'hécatombes humaines. Près de deux cent mille Arméniens étaient égorgés. En présence de l'impassibilité des puissances européennes, les Musulmans pensèrent naturellement qu'ils avaient le champ libre. Pour eux, la Crète était restée un pays de *giaours,* et en diminuer le nombre était à leurs yeux une œuvre pie. Le contre-coup des événements d'Arménie se faisait sentir chez les Musulmans crétois, et, dans les derniers jours de janvier 1897, des attaques à main armée, eurent lieu à Candie, à la Canée contre les Chrétiens. Plusieurs d'entre eux étaient assassinés en plein jour, d'autres, arrêtés arbitrairement, leurs maisons pillées. Partout, les Musulmans ont été les agresseurs, et les autorités turques par leur attitude semblaient les encourager. En Crète, les Musulmans n'avaient plus affaire aux Arméniens, mais aux Grecs dont la plupart avaient déjà en mainte circonstance, combattu contre eux. Toute la population chrétienne s'est levée, et l'insurrection s'est propagée comme une traînée de poudre avec une rapidité incroyable. En quelques jours, la plus grande partie de l'île est tombée en son pouvoir. Cette fois, les grandes puissances européennes, bien convaincues qu'il ne s'agissait plus d'un *simple incident crétois,* mais de la question d'Orient, sont intervenues. La Grèce en a fait autant. Aujourd'hui, la *question crétoise* se pose plus redoutable que jamais.

## CHAPITRE VI

**La question crétoise. — L'intervention de l'Europe. — Le rôle de la Grèce. — L'autonomie. — L'annexion.**

Les grandes puissances européennes ont laissé s'accomplir les massacres d'Arménie avec une impassibilité bien peu conforme à leurs traditions. Elles ont voulu tout ignorer; aujourd'hui, les faits ne sont que trop connus : deux cent mille Arméniens ont été égorgés, et ces horribles hécatombes humaines n'ont pas arraché un cri d'horreur à un seul gouvernement de l'Europe. Toutes les chancelleries redoutaient une intervention, craignaient même de simples remontrances au sultan, qui pouvaient rouvrir la fameuse *question d'Orient,* amener une conflagration générale. La cause arménienne trouvait peu d'écho dans notre pays; l'on paraissait, ou plutôt, l'on voulait oublier que la France était la protectrice naturelle, traditionnelle des Chré tiens d'Orient, et que, jusqu'à présent, ell n'avait jamais manqué à sa mission. On répétai que l'Arménie était bien loin, et que nous n'y avions aucun intérêt. L'on rencontrait la plus grande indifférence. S'il devait toujours en êtr ainsi, comme l'a très bien fait remarquer notre collègue, M. Gaston Deschamps, dans son chaud et éloquent plaidoyer en faveur des victimes, *la France abdiquerait l'une de ses plus brillantes qualités, la générosité, et désormais ne s'intéresserait plus qu'à ce qui se passe sur les grands boulevards.*

A la nouvelle qu'une nouvelle insurrection éclatait en Crète, l'Europe sortit de son calme et commença à se prendre d'inquiétude. Les grandes puissances étaient effrayées à la pensée que la question d'Orient allait de nouveau s'ouvrir. La Grèce annonçait formellement son intention d'intervenir en faveur des Crétois. De leur côté, les Crétois déclaraient ouvertement qu'ils voulaient se réunir au royaume hellénique. Une annexion de la Crète à la Grèce allait de nouveau réveiller les ambitions des Serbes, des Bulgares et des Monténégrins. Des luttes devaient forcément se produire entre les différents peuples de la péninsule balkanique, à propos de la Macédoine. Il pouvait en résulter une conflagration générale. Les grandes puissances européennes voulaient l'éviter à tout prix, reculer autant que possible le partage de *la succession de l'homme malade,* et maintenir encore durant quelque temps le *statu quo*. Elles résolurent d'occuper la Crète. De cette façon, elles pensaient poursuivre, atteindre un double but, sauver encore une fois l'Empire Ottoman de son effondrement et empêcher les massacres en Crète. Mais, il ne faut pas se faire illusion. La protection à donner aux Chrétiens de la Crète était pour les grandes puissancces européennes une question de deuxième ordre. S'il n'y avait pas eu de Grèce, ou si la Grèce, pour une raison quelconque, était restée sourde à l'appel des Crétois, les grandes puissances européennes seraient demeurées impassibles. Les Turcs, voyant qu'ils avaient le champ libre, n'auraient reculé devant aucun excès, et la Crète serait devenue, ainsi que l'Arménie, le théâtre d'hécatombes humaines. La population chrétienne y aurait été exterminée.

Les six grandes puissances ont procédé d'une façon assez singulière. L'on eût dit qu'elles n'avaient pas de plan arrêté, ou, plutôt, qu'elles n'en voulaient pas avoir, dans la crainte de ne pas marcher d'accord. Elles pouvaient, comme elles l'ont fait, occuper les ports de l'île, mais signifier, en même temps, au sultan, d'avoir à en retirer ses garnisons, et inviter la Grèce à coopérer à l'occupation. En 1869, la Grèce avait été invitée à prendre part à la Conférence de Paris. Les grandes puissances ont reconnu par là que la question crétoise n'était pas seulement une question européenne, mais encore une *question grecque*. Les grandes puissances, cette fois, ont agi différemment et affecté de considérer les affaires de Crète, comme devant être réglées en dehors, à l'exclusion du royaume hellénique, et même, comme lui étant complètement étrangères. Aucune chancellerie n'a songé, et probablement avec intention, à demander la réunion d'un congrès, qui serait chargé de donner une solution quelconque à la *question crétoise*. Cette manière d'agir prouve que l'entente des grandes puissances n'est pas aussi parfaite qu'on veut le croire ou qu'on se plaît à le supposer. Elles ne se rencontrent que dans le désir qu'elles ont toutes d'éviter une conflagration générale.

Les six grandes puissances ont envoyé leurs escadres dans les eaux crétoises. Leurs marins sont descendus à terre, ont occupé les villes de la Canée, de Candie, de Réthymo et de Sitia et reçu la mission étrange de monter la garde à côté des soldats turcs. Le sultan a été prié de ne plus faire aucun acte militaire en Crète. Pendant ce temps-là, et presque au moment où les escadres européennes jetaient l'ancre sur le littoral crétois, des troupes grecques débarquaient sous le commandement du colonel Vassos, qui agissait au nom du roi Georges. Nous ignorons qu'elles ont été au début les instructions données aux amiraux par leurs gouvernements respectifs. La facilité avec laquelle les navires grecs ont pu débarquer des troupes, à quelques kilomètres de l'endroit où les navires européens débarquèrent les leurs, reste inexplicable et inexpliquée. L'on eût dit qu'il y aurait eu entente entre la Grèce et l'Europe, ou que cette dernière, comme l'a dit spirituellement un publiciste, eût consenti à jouer le rôle de *géronte*. De son côté, le vali ottoman, Georges Berovitch, avait abandonné son poste et les amiraux refusaient de recevoir le nouveau dignitaire que la Porte envoyait à la Canée, à titre de successeur. Quoiqu'il en soit, l'intervention européenne n'a donné aucun résultat, tant s'en faut. Le sang a continué de couler et des combats ont lieu à chaque instant entre Chrétiens et Musulmans. Le colonel Vassos a occupé la plus grande partie de l'île au nom du roi Georges. Des collisions, des assassinats ont été commis dans les villes, sous le canon des escadres. L'anarchie est complète dans la Crète, qui nous donne le spectacle étrange, hétéroclite; trois gouvernements s'y trouvent pour le moment, celui des amiraux, celui du roi Georges, représenté par le colonel Vassos et celui du sultan.

Le rôle de la Grèce, dans les affaires de Crète, a été l'objet de nombreuses critiques et même d'attaques assez violentes. L'on a été jusqu'à qualifier de *piraterie* son intervention. Cependant, il est à constater que si les gouvernements de l'Europe sont contraires ou hostiles à la Grèce, les populations lui sont sympathiques. Il n'est pas douteux qu'en France, en Espagne, en Italie, en Russie, en Angleterre, l'opinion publique ne soit favorable à la cause hellénique. L'attitude de la Grèce se conçoit, s'explique, et tout ce qu'on peut lui reprocher, c'est d'avoir agi avec une pétulance à laquelle la diplomatie n'est pas habituée. Les Crétois sont de race grecque, ainsi que les habitants d'Athènes, du Péloponèse et des Cyclades; ils parlent la même langue, ont les mêmes mœurs et professent la même religion. Soumis à un joug des plus oppressifs, traités par les Turcs en *raïas*, ils n'ont pas cessé, depuis trois quarts de siècle, de chercher à s'affranchir. Contrairement à leurs espérances, à leur attente, l'Europe les a toujours oubliés. A peine leur a-t-on fait quelques vagues promesses. Les réformes, que le gouvernement du sultan s'était engagées à leur accorder et qui devaient améliorer leur situation, n'ont été qu'un leurre. A la suite des massacres d'Arménie, une certaine agitation s'est produite chez les Musulmans de l'île, qui se livrèrent bientôt à quelques excès. L'attitude des puissances européennes, qui ont laissé violer l'article 61 du traité de Berlin où elles avaient apposé leurs signatures et sont restées impassibles devant les massacres d'Arménie, n'avait rien de rassurant. Les Chrétiens crétois, peu disposés à accepter le sort des Arméniens, préférèrent tenter le sort des armes. Ils se sont soulevés, et, en quelques jours, la population était sur pied. L'insurrection a été générale, spontanée.

L'insurrection a eu, dès son début, toutes les sympathies du peuple hellénique. Dans toutes les villes se sont organisés des comités, des souscriptions ont été ouvertes. Des volontaires sont partis. Une véritable fièvre patriotique s'est emparée de la Grèce, et l'arrivée des réfugiés Crétois n'a fait que la rendre plus ardente. C'est pourquoi, le gouvernement du roi Georges, en voyant des troupes en Crète, n'a fait que se conformer à la volonté du pays, suivre un mouvement irrésistible. Penser, supposer un seul instant que la Grèce aurait tranquillement assisté, en spectatrice, plus ou moins indifférente à la lutte des Crétois contre leurs oppresseurs, se bornant à leur accorder des vœux platoniques ou quelques manifestations sans portée, c'était demander l'impossible; cette opinion n'est pas soutenable. La Grèce s'est réveillée; partout la guerre a été à l'ordre du jour, aussi bien dans le moindre village de l'Arcadie ou de la Phocide que dans la capitale; tous les Grecs voient, et non sans raison, des frères dans les Crétois, et se sont pris d'un sentiment belliqueux. Pour eux, c'est une question nationale, et il ne faut pas oublier qu'il est fort difficile, sinon impossible de raisonner avec les masses. Elles pensent, elles agissent par instinct, par passion, la plupart du temps, sans calculer l'importance et la portée de leurs paroles et de leurs actes.

Tous ce qu'on peut reprocher à la Grèce, c'est, peut-être, d'avoir agi avec trop de vivacité. Mais, il ne faut pas oublier que le peuple Grec est un peuple méridional, souvent enclin à l'enthousiasme, et que son entraînement se comprend, s'explique. Il se demande, et à juste titre, pourquoi il ne reconstituerait pas sa nationalité, et pourquoi le royaume hellénique qui compte 2,200,000 habitants, ne s'annexerait pas les autres Hellènes, qui subissent le joug de la Turquie, surtout dans les provinces, comme la Crète, où ils forment la grande majorité de la population, et qu'ils demandent à être annexés. La *politique des nationalités* a été à l'ordre du jour, en Occident, pendant un certain nombre d'années, et c'est ainsi que l'Italie et l'Allemagne se sont unifiées. Pourquoi ne voudrait-on pas que les Hellènes accomplissent leur unité nationale. Tel est le raisonnement que l'on tient dans tous les centres Grecs, et il ne faut pas s'en étonner. L'Europe a émancipé la Grèce, en 1830 et actuellement, elle semble mettre obstacle à son développement. La diplomatie devrait se rendre compte de ce manque de logique. Néanmoins, quelles que soient ses aspirations, la Grèce fera bien de ne pas oublier qu'elle a pour elle les sympathies de l'Europe, à qui elle doit son indépendence, qu'elle doit les conserver, et qu'il est de son intérêt de les conserver. La cause qu'elle défend est légitime; mais il faut qu'elle se garde de provoquer une conflagration générale, qui n'aurait pour elle qu'un résultat néfaste : compromettre le succès de sa cause, et retarder, peut-être, pour bien longtemps, la réalisation de ses vœux et de ses projets.

En occupant les principales villes de la Crète, les puissances européennes ne se sont pas fait illusion sur la gravité de la solution; elle se sont mises d'accord pour écarter *la question d'Orient* et éviter une conflagration. Elles se sont prononcées pour le maintien de *l'intégrité de l'empire ottoman* et contre *l'annexion de la Crète à la Grèce*, mais elles ont reconnu que l'ancien état de choses ne pouvait plus subsister, et que, tout en faisant partie de l'empire ottoman, la Crète devait jouir d'institutions particulières, d'un régime distinct auquel elles ont donné le nom *d'autonomie effective*. Les puissances ont reconnu que l'intégrité de l'empire ottoman était indispensable, ou tout au moins nécessaire à la paix de l'Europe. Il est regrettable que les puissances ne montrent pas le même accord, lorsqu'il s'agit de l'Egypte, et qu'elles ne voient pas que l'occupation anglaise peut, d'un moment à l'autre, être une cause de conflits. Elles ont signifié un double *ultimatum* au sultan et au cabinet d'Athènes. Elles ne veulent pas que la Crète soit annexée à la Grèce, mais elles veulent lui assurer une autonomie complète, *effective*.

La réponse du sultan n'est pas de nature à pacifier la situation. Le sultan demande d'abord l'évacuation de la Crète par les troupes grecques et il insiste pour que le gouverneur de la Crète soit *un sujet ottoman*. L'autonomie ne serait plus qu'un leurre, une tromperie. Il est impossible de se moquer plus complètement de l'Europe, dont l'attitude amicale a été prise à Constantinople, pour de la faiblesse. Si le sultan était moins aveuglé par le fanatisme, il devrait bien comprendre qu'il n'en est plus au temps de Soliman le Magnifique, dont l'alliance était sollicitée par le roi François Ier. Il ferait bien de ne pas oublier les avertissements qui lui viennent de tous les côtés. Tout récemment, un journal russe, le *Novoïé Vrémia*, ne se gênait pas de dire qu'il se pourrait bien que dans un avenir peu éloigné, l'on assistât à un nouveau démembrement de la Turquie. Nous espérons, nous pensons que ce démembrement n'aura pas lieu ; mais il est plus que probable que l'Europe interviendra, plus ou moins directement, dans l'administration de l'empire ottoman. Il a été question d'un projet de réformes que les puissances devaient proposer à la Porte. D'après ce projet, la nomination du grand vizir devait être subordonnée à l'approbation générale des puissances, et les ministères des finances et de la justice avoir des titulaires européens. De plus, une commission internationale serait commise pour contrôler les différents services administratifs. Nous ne savons pas quelles sont les réformes que l'Europe imposera au sultan, mais si elle veut prévenir *l'effondrement* de la Turquie, comme elle paraît en avoir l'intention, il est indispensable qu'elle la place sous sa tutelle, qu'elle lui donne ce que l'on appelle en langage juridique un *conseil judiciaire*.

A Athènes, *l'ultimatum* ne pouvait que recevoir un mauvais accueil, et c'est ce qui a eu lieu. Le gouvernement hellénique se trouve en présence d'un mouvement populaire, d'un entraînement irréfléchi. Dans toutes les villes et bourgades de l'Hellade, du cap Matapan au Pinde et au mont Ossa, dans les îles de la Mer Egée, comme dans celles de la Mer Ionienne, l'on assiste aujourd'hui, il faut le reconnaître, à un réveil grandiose de fierté nationale. Les engagés volontaiares affluent dans les villes de garnison. Des comités locaux se forment pour les équiper, les armer et les diriger vers la frontière. Les riches commerçants grecs de toutes les parties du monde ont mis leurs millions à la disposition du comité national hellénique, qui est le foyer de l'agitation patriotique et qui a des ramifications, dans les îles de l'Archipel, en Epire, dans la Macédoine, partout où se parle la langue d'Homère. Partout, ce mouvement est ardemment soutenu par le clergé dont l'influence, dans ces pays de foi, est si considérable. En Grèce, patriotisme et religion marchent de pair. Ils sont étroitement confondus et ce n'a pas été une des moindres forces de l'idée hellénique que l'alliance des popes et des pallikares, unis dans la même haine contre les Musulmans. La guerre ne serait plus seulement une guerre politique, mais encore et surtout une guerre sainte. La surexcitation est à son comble et tient, en quelque sorte, du délire. L'existence de la Grèce n'est pas en jeu; aucune partie de son territoire n'est menacée; aucun de ses intérêts vitaux n'est en péril. Mais elle réclame la Crète, comme l'une de ses dépendances naturelles; pour arriver à son but, elle ira se mesurer avec la Turquie et provoquera, peut-être, une guerre générale à laquelle prélude-ront des massacres atroces, et qui seront le signal de la boucherie humaine la plus colossale qu'il y ait jamais eu dans le monde entier. Telle est la politique que la Grèce paraît décidée à suivre.

La Grèce a obéi, à un entraînement, à un enthousiasme fort légitime, et personne ne peut lui faire un reproche d'avoir affirmé ses sympathies pour les Crétois. Mais elle a eu le tort de se laisser en quelque sorte enivrer, et de se jeter follement dans une aventure, qui peut la mener loin, la rendre impuissante, l'annihiler pour longtemps. Elle réclame la Crète, que l'Europe pour le moment ne paraît pas disposée à lui donner, et sa politique se résume dans ces mots, *être ou ne pas être*. La guerre avec la Turquie ne l'effraie pas, et elle semble courir au devant avec une confiance qui tient presque de la folie. Quelle que soit la valeur des troupes que la Grèce pourra mettre en ligne, elle est incapable de soutenir la lutte contre l'empire ottoman. A l'heure actuelle, le maréchal Edhem-Pacha dispose, en Macédoine, de plus de quatre vingt mille hommes de troupes régulières, suffisamment armées et équipées. La Grèce n'en a pas la moitié en Thessalie. Il est vrai que les

Grecs comptent que la péninsule des Balkans sera bientôt en feu, et que la Serbie, la Bulgarie, le Monténégro prendront part à la guerre. Cette perspective n'est pas suffisante pour faire espérer la victoire. Il ne faut pas oublier que la Turquie peut facilement mettre en ligne trois cent mille hommes, et que les soldats turcs se sont, de tout temps, fait remarquer par leur bravoure et leur solidité. Ce sont de terribles adversaires ; l'armée russe a pu les connaître et les apprécier à ses dépens, pendant la guerre de 1878. Quant à compter sur un désacord des puissances, c'est l'une de ces hypothèses, qu'en politique, il faut estimer à sa juste valeur. L'issue de la guerre entre la Turquie et la Grèce n'est pas et ne peut pas être douteuse. L'armée ottomane, après avoir eu raison des troupes grecques dans une seule bataille, envahirait la Thessalie et prendrait la route d'Athènes, en ravageant et en exterminant tout sur son passage : il y aurait des flots de sang versé. L'Europe interviendrait alors, pour arrêter l'envahisseur, et les choses seraient remises dans l'état où elles étaient. Puisqu'il en est ainsi, ne vaudrait-il pas mieux pour la Grèce, et dans son intérêt, d'accepter la solution que propose l'Europe.

Les puissances européennes ont reconnu que la Crète ne pouvait pas être replacée sous le régime turc et que toutes les réformes, promises ou accordées par la Sublime-Porte, n'avaient été qu'une tromperie, une comédie. Elles ont décidé que la Crète jouirait de l'autonomie *effective* et, par ce dernier mot dont l'importance n'a pu échapper à personne, les puissances européennes ne permettront pas au gouvernement du sultan de se jouer d'elles, comme il n'en a que trop l'habitude. Si les puissances européennes sont d'accord sur le principe de l'autonomie à accorder à la Crète, il n'en est pas de même lorsqu'il s'agit de son application. Le gouverneur sera-t-il nommé par les grandes puissances, ou par le sultan? Les Turcs auront-ils des garnisons dans les principales villes de l'île ou n'y conserveront-ils que quelques rares soldats? Ce gouvernement autonome, une fois constitué, aura besoin d'une force armée. Comment sera-t-elle composée? Sera-t-elle recrutée parmi les indigènes, ou sera-t-elle formée par les grandes puissances?

L'on ne peut admettre sérieusement que Français, Allemands, Russes, Anglais, Autrichiens, Italiens puissent, pendant plus ou moins longtemps, monter la garde ensemble, côte à côte sur les remparts de Candie et de la Canée. Ce serait créer à plaisir une cause permanente de conflits, et la *question d'Orient* serait en quelque sorte toujours en suspens. Supposons que cette force armée, qui ne serait pas autre chose qu'une gendarmerie locale, chargée d'assurer la sécurité, ne comprenne que des indigènes entremêlés d'un certain nombre de sujets des petites puissances. Quels seront ces soldats d'origine étrangère? Admettra-t-on des Monténégrins, des Bulgares, des sujets hellènes? A quelle nationalité appartiendra le commandement de cette gendarmerie? Quelle sera la nature des relations politiques et commerciales de la Crète avec le royaume de Grèce? Autant de questions que la diplomatie aura à résoudre, et il faut reconnaître que sa tâche ne sera pas facile.

A ces objections l'on répond que l'autonomie a produit les meilleurs résultats à Samos et qu'il en sera de même en Crète. L'on oublie que l'on confond deux situations absolument distinctes. Samos est une petite île située à quelques kilomètres de la côte d'Asie, qui ne possède que des ports pour les bâtiments d'un petit tonnage. Sa superficie atteint tout au plus 400 kilomètres carrés, c'est-à-dire la moitié d'un de nos arrondissements de second ordre; sa population ne dépasse pas 49,000 habitants, tous Grecs. L'autonomie était d'une application facile à Samos, et cependant, quoiqu'elle fût chose décidée en 1832, par la conférence de Londres, elle ne put commencer à fonctionner qu'à partir de 1835, et elle eut à triompher de certaines difficultés. Aujourd'hui, Samos nous donne le spectacle d'un État minuscule, jouissant d'une indépendance à peu près complète, reconnaissant la souveraineté nominale du sultan, qui y entretient une petite garnison de cent cinquante soldats. Samos est gouverné par un prince que nomme la Porte et deux chambres, une chambre haute composée de quatre sénateurs, et une chambre d'une quarantaine de députés. L'armée consiste en une centaine de gendarmes; il n'y a pas de dette publique. Cette petite île, perdue dans l'Archipel, inconnue en quelque sorte de l'Europe et de la Turquie, jouit d'un sort que beaucoup de grands États pourraient lui envier et voit chaque jour sa prospérité se développer. Ce serait se bercer d'illusion, si l'on pensait qu'il pourrait en être de même pour la Crète, qui est une grande île dont la superficie égale presque celle de la Corse, ayant une population de près de 300,000 habitants, qui n'est pas homogène comme celle de Samos, mais partie Chrétienne, partie Musulmane. De plus, Samos peut vivre dans l'oubli, tandis que plus que jamais, la Crète sera à l'ordre du jour et, par suite de sa situation, de son importance maritime, l'objet de nombreuses convoitises et de fréquentes ambitions.

En même temps, une question beaucoup plus importante que les autres se pose, c'est de savoir si l'autonomie sera acceptée par les Crétois. En 1886, le *Bulletin de la société de géographie commerciale de Paris* publiait une lettre d'un Français établi depuis longtemps à la Canée. Dans cette lettre notre compatriote disait qu'un nouveau parti se formait dans la Crète, le parti *autonomiste* qui avait pour devise : *La Crète aux Crétois.* Il ajoutait que les insulaires savaient, qu'étant annexés à la Grèce, ils seraient astreints au service militaire, et qu'ils paieraient plus d'impôts. Il est possible qu'à ce moment, c'est-à-dire en 1886, l'autonomie eût été à l'ordre du jour. Mais aujourd'hui, nous ne pensons pas qu'il en soit de même. Les Crétois ont demandé, voté leur annexion à la Grèce, et l'on peut dire que cette opinion est celle de la grande majorité de la population chrétienne. Dans le cas, plus que probable où les Crétois refuseraient l'autonomie, que feraient les puissances européennes? Seraient-elles disposées à l'imposer de force et à procéder à l'occupation entière de l'île? se chargeraient-elles toutes d'un commun accord de cette mission, ou donneraient-elles mandat à l'une ou à plusieurs d'entre elles? Nous nous contentons de poser cette question, qui, peut-être, est plus compliquée que ne le suppose la diplomatie. Les Chrétiens de la Crète renforcés de soldats grecs sont, peut-être, quinze à vingt mille, et, pour les réduire, il faudrait entreprendre une guerre de montagnes, qui exigerait de grands sacrifices d'hommes et d'argent. Il est assez probable qu'aucun

État ne voudrait se charger de cette besogne qui ne profiterait qu'au sultan.

Reste une autre solution : l'annexion à la Grèce, et l'Europe est ou paraît décidée à la repousser; de son côté la Grèce la réclame, et la seule concession qu'elle ait voulu faire aux puissances eût été d'être chargée de l'administration de la Crète, au même titre que l'Autriche l'a été de la Bosnie et de l'Herzégovine. Cette occupation n'aurait pas été autre chose qu'une annexion plus ou moins déguisée. L'Europe aurait, peut-être, été assez disposée à admettre la réunion de la Crète à la Grèce, d'autant plus qu'il n'eût pas été difficile d'obtenir du sultan de renoncer à une possession cause, pour son gouvernement, de tant de difficultés. Mais la Grèce et la Turquie ne sont pas seules en Orient. D'autres États y existent : la Bulgarie, la Serbie, le Monténégro. La cession de la Crète à la Grèce aurait réveillé leurs ambitions, leurs convoitises. La question de Macédoine se serait de nouveau posée; une conflagration se serait produite et alors la question d'Orient s'ouvrait de nouveau. L'Europe a été effrayée de cette perspective, et elle a voulu gagner du temps, donner encore quelques années d'existence à la Turquie, afin d'éviter sa *liquidation*, qui devient de plus en plus fatale. Mais quels que soient les motifs qui guident l'Europe, quelle que soit l'habileté de sa diplomatie, la Crète, dans un avenir plus ou moins rapproché, appartiendra à la Grèce. Il en sera de son autonomie, comme de celle de la Roumélie orientale, qui s'est réunie à la Bulgarie. Les puissances ont ratifié; il en sera de même pour la Crète. L'on oublie trop, en Occident, qu'en Orient l'on ne se trouve pas seulement en présence du royaume de Grèce, mais en face d'un nouvel élément, presque inconnu, il y a un siècle, l'*Hellénisme*. Que l'on veuille, ou qu'on ne le veuille pas! il faut désormais compter avec lui. Par la force des choses, la Crète sera réunie à la Grèce.

## CHAPITRE VII

**Les Grecs depuis la prise de Constantinople. — Le réveil de leur nationalité. — La constitution du royaume de Grèce.**

La prise de Constantinople, en **1453**, fut pour l'Europe le commencement d'une nouvelle ère, et, en même temps, elle jeta l'épouvante dans les anciennes contrées de l'Empire Byzantin. Toute la Grèce se sentait frappée par ce désastre. Dans la Morée et dans les îles, l'on fuyait, sans savoir où aller. La mer était couverte de vaisseaux et de barques emportant des familles grecques. L'on se réfugiait dans les montagnes, dans les monastères, dans les places occupées par les Vénitiens et les Génois. La Chrétienté était menacée d'une nouvelle invasion musulmane. Les papes Nicolas V, Calixte III et Pie II avaient essayé, mais en vain, d'organiser une croisade pour arrêter les Turcs.

8.

Leur appel n'avait pas trouvé d'écho. Il n'y avait guère que les républiques marchandes de Venise et de Gênes, à qui la chute de l'empire grec était sensible. Elles comprenaient que la destruction des comptoirs et des colonies qu'elles possédaient dans l'Archipel n'était plus qu'une affaire de temps. Dans le reste de l'Occident ce fut une indifférence à peu près complète. A la cour chevaleresque de Bourgogne, le duc Philippe le Bon fit vœu, *sur le Faisan,* avec ses chevaliers, d'aller combattre le *grand Turc* et de ne pas s'arrêter tant qu'ils ne l'auraient pas pris mort ou vif. Mais tout se borna, de leur part, à cette manifestation. En **1461**, le sultan Mahomet II détruisait le petit empire de Trébizonde, si célèbre dans nos romans de chevalerie. Le monde grec avait disparu.

C'est alors que commença, pour les Grecs, une longue période d'esclavage, qui devait durer près de quatre siècles. Le sultan leur avait bien permis de garder leur culte, leurs biens, et même concédé le droit de s'administrer eux-mêmes. Ils formaient ainsi une vaste communauté, entièrement séparée de la nation conquérante. Le chef de cette communauté était le patriarche assisté du synode que composaient les principaux dignitaires du clergé. Néanmoins la situation des Grecs était fort misérable. Ils étaient astreints à payer une double capitation, soit pour leurs personnes, soit pour leurs terres. Chaque année, un nombre déterminé d'enfants étaient enlevés à leurs familles, élevés dans la foi musulmane et servaient au recrutement de la terrible milice des Janissaires. Les Chrétiens étaient traités comme un vil troupeau, et le nom de *Raïas*, que leur ont donné leurs maîtres, est assez significatif. Ils étaient soumis à toutes sortes de vexations. C'est ainsi que le voyageur français, Thévenot, qui visita Constantinople au milieu du dix-septième siècle, et qui ne se cache pas de ses sympathies pour les Turcs, nous dit qu'il était défendu aux Chrétiens, sous les peines les plus sévères, de porter la couleur verte, dans leur costume, ou des babouches jaunes. Au début de la conquête, toutes les anciennes familles, qui pouvaient porter quelque ombrage, avaient été exterminées ou forcées d'embrasser l'Islamisme. C'est ainsi que l'on vit des Comnènes, des Cantacuzènes, des Paléologues et une foule de personnages, qui avaient figuré à la cour des empereurs, renier la foi chrétienne et se transformer en disciples de Mahomet. Dix ans après la prise de Constantinople, les Chrétiens, que l'on y voyait encore, appartenaient, à part quelques rares exceptions, aux classes populaires. Quant aux savants, ils avaient, pour la plupart, pris la fuite et s'étaient réfugiés à la cour de Florence. Leur influence, ainsi qu'on le sait, fut considérable dans le mouvement de la Renaissance.

Dans des conditions semblables, il ne faut pas s'étonner de la décadence du peuple grec. La vie intellectuelle avait cessé pour lui, à part quelques rares écoles annexées au patriarcat de Constantinople, ou établies dans quelques monastères ; il était en quelque sorte condamné à croupir dans l'ignorance. Un seul coin du monde grec fut respecté par les Turcs, le mont Athos ou la *montagne sainte*, comme on l'appelle dans l'Orient. Le mont Athos forme une sorte de petite république théocratique, composée de vingt et un monastères, dont les plus anciens remontent au dixième siècle, et de trois cents ermitages répandus aux alentours. L'empereur Léon le Philosophe leur avait donné l'autonomie. Le sultan Mahomet II confirma leurs privilèges, se contentant d'un léger tribut. Aujourd'hui, ce petit État monastique subsiste toujours, et la Porte n'a jamais songé à le faire rentrer sous la loi commune. Il peut compter cinq à six mille religieux. Pendant longtemps, le mont Athos a été le seul refuge de la nationalité grecque : aussi il ne faut pas s'étonner de la vénération dont il est l'objet.

Dès les premières années, qui suivirent la conquête, il avait été facile aux Grecs de faire accepter leurs services aux Turcs et de rendre ainsi moins complète la nullité à laquelle ils étaient condamnés. Ils recherchèrent principalement les emplois de drogman ou d'interprète, et parvinrent à jouer un grand rôle dans la politique ottomane, pendant les seizième et dix-septième siècles. Jusqu'alors, les Grecs, tremblants devant leurs maîtres, ne s'étaient voués qu'à l'exercice des professions les plus grossières. Quand ils eurent la certitude de trouver des protecteurs dans l'entourage du sultan, leur donnant l'espérance d'être tant soit peu à l'abri des vexations des pachas, ils cherchèrent à s'enrichir et se livrèrent au commerce. L'on vit renaître une certaine prospérité dans les provinces de l'ancien Empire Byzantin, principalement sur le littoral et dans les îles de l'Archipel; quelques-unes de ces dernières, qui étaient en partie désertes, se repeuplaient. Tel fut le cas de Samos qui, au moment de la prise de Constantinople, était à peu près une solitude, et, en **1700**, comptait plus de douze mille âmes. Les Grecs, que la Porte employait utilement dans ses rapports avec l'Europe, étaient, pour la plupart, originaires de Constantinople, du quartier de la ville appelé le *Phanar,* et on les désignait sous le nom de *Phanariotes,* qui devint bientôt célèbre. C'était une nouvelle aristocratie, une classe dirigeante, qui se reconstituait.

Les Phanariotes ne cessèrent de gagner en puissance et en crédit. L'on vit même, au dix-huitième siècle, plusieurs d'entre eux être investis par le sultan de la dignité de Hospadar, et aller gouverner en cette qualité la Moldavie et la Valachie. L'influence des Phanariotes aurait pu singulièrement améliorer la situation de leurs compatriotes. Mais la population grecque ne tarda pas à s'apercevoir qu'elle n'avait pas lieu de se féliciter de l'élévation de quelques familles sorties de ses rangs. La morgue et l'égoïsme des Phanariotes, l'emploi qu'ils faisaient de leur crédit, pour opprimer les autres Grecs, les rendaient odieux. Prêts à tout faire pour conserver la faveur de leurs maîtres, les Turcs, souvent aussi durs à leur égard que les Musulmans, ils ne s'occupaient que de leurs propres intérêts. A leurs yeux, la masse des Chrétiens, sujets du sultan, n'était qu'un troupeau d'ilotes. Aussi aurait-on bien tort de les considérer comme les instigateurs du réveil de la Grèce. Ils auraient plutôt contribué à la remettre sous le joug qu'ils ne se seraient prêtés à faciliter son émancipation. Les Phanariotes ne savaient que trop que du jour où les Turcs ne seraient plus à Constantinople, et qu'un empire byzantin serait rétabli, leur oligarchie cesserait d'exister et tomberait d'elle-même. Le Phanar ne donnait que trop souvent l'exemple de l'avilissement.

Ce n'était pas dans l'ancienne capitale de l'empire d'Orient qu'il fallait aller pour trouver le sentiment national grec, mais dans quelques îles de l'Archipel ou chez quelques peuplades, réfugiées dans les montagnes. Dans la Crète, les Sphakiotes, dont nous avons déjà parlé, maintenaient leur indépendance. Il en était de même des Maïnotes, qui vivaient en Laconie, retirés dans les gorges et les vallées du Taygète. Quoiqu'ils ne fussent que quelques milliers, en 1813, leur population ne s'élevait qu'à trente mille âmes, ils montraient qu'ils étaient les descendants des Spartiates. Jamais les Turcs ne purent les soumettre. Il en était de même des Souliotes, dans un coin de l'Épire. Mais, à part ces débris, la Grèce présentait partout le spectacle de la désolation. Athènes n'était plus qu'une ruine, une bourgade; elle avait même perdu son nom et on l'appelait Sétines. Le nombre des Chrétiens ne cessait pas de diminuer, et chaque année des renégats se convertissaient à l'Islamisme, si bien qu'un évêque catholique, qui résidait en Épire, en qualité de missionnaire, écrivait à Colbert en 1667, que dans un siècle, la Grèce serait entièrement musulmane, et que le Christianisme n'y compterait plus que quelques rares adhérents.

Quand, avec Pierre le Grand, la Russie devint une puissance européenne, de nouvelles idées se répandirent, et les Grecs commencèrent à espérer dans l'avenir. Jusqu'alors la Russie s'était contentée de donner quelques subsides aux moines du Mont Athos. Elle chercha à jouer un rôle plus important, et des relations suivies s'établirent entre elle et le clergé orthodoxe. Les Grecs s'étaient vus abandonnés de l'Europe occidentale, qui, *en livrant la bataille de Lépante*, en prenant part à la défense de Candie, n'avait jamais eu le projet de les arracher au joug musulman. Les Russes étaient des coreligionnaires, et ils comptèrent désormais sur leur appui. Tournefort est le premier qui ait constaté ce mouvement, précurseur de l'émancipation; en 1701, il écrivait à M. de Pontchartrain que les Grecs n'étaient plus les mêmes qu'autrefois, et que depuis quelques années, ils comptaient sur le *Grand Duc de Moskovie* pour relever leur empire et substituer la croix au croissant sur le dôme de Sainte-Sophie.

En même temps que de nouvelles idées se faisaient jour, la situation des Grecs s'améliorait, au point de vue intellectuel aussi bien qu'au point de vue matériel. L'instruction cessait d'être le monopole des monastères. L'île de Chios, devenue florissante par son commerce, substituait à son école élémentaire un collège qui se rendit bientôt célèbre. A Janina s'était élevée une école où l'on enseignait la littérature ancienne et moderne, la théologie et même les hautes sciences. On en institua de semblables dans quelques villes du Péloponèse, à Athènes. Un moine d'origine ionienne, Œconomos, qui avait su gagner les bonnes grâces du grand vizir, la protection du fameux banquier Pétraki, la bienveillance des Phanariotes, avait obtenu que son village, Kidonies, bâti sur la côte d'Asie-Mineure, sur l'emplacement de l'ancienne Cydonie, fut affranchi avec son territoire de la juridiction des Turcs, et soumis à l'autorité spéciale de magistrats élus par ses habitants. Ces privilèges changèrent bientôt l'aspect de Kidonies. Des Grecs s'y rendirent du Péloponèse et des îles. L'on y bâtit plusieurs églises, l'on y fonda un magnifique collège. L'industrie et le commerce s'y développaient, et l'on y voyait des fabriques de savon, des tanneries et plusieurs établissements considérables pour la teinture des laines et l'épuration des huiles. La population des Kidonies s'accrut rapidement et en 1740, elle approchait de 30,000 âmes. C'était une ville exclusivement grecque, donnant le spectacle singulier d'une sorte de république, jouissant d'une autonomie complète, et d'une quasi-indépendance sous la suzeraineté du sultan. Un siècle plus tôt, le projet d'Œconomos, eût été irréalisable. Mais, il n'en était plus ainsi. Les Turcs commençaient à regarder les Grecs de moins mauvais œil, et surtout à savoir utiliser leur activité commerciale.

La résurrection d'un *État Grec*, de Kidonies, fut l'aurore d'une ère nouvelle ; à partir de ce moment, un véritable réveil se produisit dans le monde hellénique. Les écoles devenaient plus nombreuses, des associations, connues sous le nom d'*hétaïries*, se constituaient, et étendaient peu à peu leur action. Nombre de Grecs fatigués d'être traités en *raïas* se retiraient dans les montagnes de la Thessalie, de l'Épire, de l'Étolie et commençaient à illustrer le nom de *Klepthes*. Leurs chants de guerre étaient répétés dans tous les villages comme un défi à la domination du sultan. Souvent les Klepthes n'avaient pas d'autre préoccupation que de faire du butin et de piller les campagnes, mais le désir d'affranchir leur pays leur venait aussi à la pensée. Désespérant de pouvoir atteindre les Klepthes dans leurs repaires et de mettre fin à leurs brigandages, plusieurs pachas organisèrent pour les combattre une milice composée exclusivement de Chrétiens. C'était une sorte de gendarmerie locale, et ceux qui la composaient reçurent le nom populaire d'*Armatoles*. Mais, il arrivait fréquemment que Klepthes et Armatoles s'entendaient pour quelques coups de main, et unissaient leurs efforts pour combattre le Turc. Dans la Laconie les Maïnotes, dans la Crète les Sphakiotes, dans l'Épire les Souliotes affectaient de plus en plus l'indépendance. L'on assistait à un véritable réveil de la nationalité grecque et une explosion allait bientôt avoir lieu.

En 1767, la Russie avait déclaré la guerre à la Turquie. Parmi les nombreux Grecs, qui s'étaient réfugiés à Saint-Pétersbourg se trouvait un Thessalien, Papas-Oglou, qui était capitaine dans la garde impériale. Ce Thessalien, qui croyait les circonstances propres à hâter l'émancipation de son pays, fit part au comte

Orloff, le favori de l'impératrice, de son projet d'insurger le Péloponèse, les îles de l'Archipel, l'Épire et l'Étolie. Il ne doutait pas du succès de l'entreprise et affirmait que l'apparition de quelques vaisseaux portant le pavillon russe, déciderait les Grecs à se soulever en masse. Cette proposition ne pouvait que sourire à l'impératrice Catherine II, qui rêvait de conquérir Constantinople. Papas-Oglou se rendit en Grèce et noua des relations avec les évêques et les personnages tant soit peu influents. Ses émissaires parcouraient le pays. Dans la Laconie les Maïnotes, en Crète les Sphakiotes, en Épire les Souliotes étaient prêts à se soulever au premier signal.

Le *proestos* ou chef du pays de Calamata, l'ancienne Messénie, Benacki, qui avait su gagner la confiance des Turcs, mais était resté toujours dévoué à la cause hellénique, mit son influence au service de la Russie et recruta de nombreux adhérents à la future insurrection. Il espérait, en cas de succès, pouvoir gouverner tout le Péloponèse, sous l'autorité nominale de l'impératrice Catherine. Dans le nord, les Monténégrins, gagnés depuis Pierre le

Grand à l'alliance russe, attendaient le moment pour agir. Une expédition était chose décidée.

Dans le courant de 1770, une flotte russe partant de la Baltique, allait relâcher en Angleterre et, après avoir fait le tour de l'Europe, elle paraissait sur les côtes de la Grèce. L'expédition était commandée par le comte Orloff et comptait quelques officiers anglais dont le commodore Elphinstone. Malheureusement elle ne disposait que de quelques centaines de soldats aux ordres du général nègre Annibal, et avant de débarquer, elle ne devait recevoir qu'un renfort de six cents Monténégrins que devait lui amener une frégate russe. C'était trop peu pour réussir. Néammoins, les populations du Péloponèse s'étaient soulevées; les Maïnotes avaient réuni quinze mille hommes. Les Russes avaient occupé Navarin, Modon et une de leurs colonnes s'était emparé de Mistra, la capitale de la Laconie. Si le comte Orloff avait disposé d'une seule division, il aurait pu soulever tout le Péloponèse; mais, avec son petit nombre de soldats il ne pouvait rien faire. Il fut bientôt obligé de regagner ses vaisseaux à l'approche des Turcs et des Albanais, qui formaient une masse nombreuse, abandonnant à leur colère les Grecs qu'il avait compromis. Soixante mille d'entre eux furent massacrés et vingt mille vendus comme esclaves. Le comte Orloff s'en alla chercher la flotte ottomane, et, à l'aide de brûlots, il parvint à l'incendier dans le port de Tchesmé, en face de Chios. Tel fut le seul résultat de l'expédition qui avait donné tant d'espérances à la Russie; on l'avait salué comme une sorte de croisade contre la barbarie, et Voltaire avait déjà annonçé à l'Europe la régénération d'Athènes et la résurrection de Sparte.

Quoique l'expédition du comte Orloff fût en somme un échec, elle n'en constitue pas moins le commencement d'une ère nouvelle pour les Grecs. En se soulevant, à l'appel de la Russie, ils avaient révélé à l'Europe que leur nationalité n'avait pas disparu, comme on le croyait généralement. Le traité de Kaïdnadji que l'impératrice Catherine II imposa à la Turquie, en 1774 ne fit que rendre plus vivaces les espérances des Grecs. Par ce traité, la Turquie abandonnait la Crimée à la Russie, et lui accordait la libre navigation de la mer Noire et le *droit de remontrance* en faveur de l'Église grecque.

Le sultan aliénait ainsi son indépendance; désormais les mauvais jours avaient commencé pour l'empire ottoman.

La Russie et l'Autriche étaient alors unies dans une alliance commune. En 1781, Joseph II et l'impératrice Catherine avaient une entrevue et le partage de la Turquie était chose décidée; un projet de partage avait été élaboré. L'Autriche aurait eu, pour sa part, la Serbie, la Valachie jusqu'à l'Aluta, avec la place de Widdin, la Bosnie, l'Herzégovine et le Monténégro. Un royaume de Dacie aurait été formé avec la plus grande partie de la Valachie, la Moldavie et la Bessarabie, et un empire byzantin reconstitué avec la Thrace, la Macédoine, la Bulgarie, l'Albanie, la Livadie et la Morée. En outre, Joseph II était assuré de l'appui de la Russie pour s'emparer des possesions de terre ferme de Venise, tant sur le littoral de l'Adriatique qu'en Italie et amener bon gré, mal gré, l'Électeur de Bavière à échanger son duché contre les Pays-Bas autrichiens. La Bavière aurait été réunie à l'Autriche, et quant à la République de Saint-Marc, elle aurait été réduite à ses lagunes et serait devenue tout aussi insignifiante que celle de Raguse. Les puissances copartageantes avaient l'intention d'exécuter, sans tarder, leur projet, et en 1787, la guerre recommençait. Les Autrichiens échouèrent dans leur tentative pour s'emparer de Belgrade et étaient battus par les Turcs à Témesvar. Les Russes furent plus heureux à Iassy. Néanmoins, la paix fut signée en 1792. La Révolution française bouleversait l'Europe; toutes les puissances étaient coalisées contre la France. Le projet de partage de la Turquie était oublié pour le moment.

A partir du soulèvement de 1770, la Grèce s'était réveillée; désormais pour les Grecs, comme pour la Russie, la chute de la puissance ottomane n'était plus une chimère, ainsi que le rétablissement d'un empire chrétien à Constantinople. Jusqu'alors, l'idiome vulgaire est dédaigné par les savants et les écrivains qui le trouvaient entaché de barbarie et lui préféraient le grec littéral, la vieille langue d'Homère. A partir du milieu du dix-huitième siècle, fut inauguré un mouvement scientifique et littéraire. Les hommes qui ont le plus contribué à ce progrès sont le patriarche de Constantinople, Samuel, qui composa une rhétorique, des paraphrases de Démosthènes et de Platon et fit traduire en grec moderne l'*Essai sur les mœurs* et *le Siècle de Louis XIV*, de Voltaire, et l'*Histoire de la conjuration des Espagnols contre Venise* de Saint-Réal, et Eugène Bulgaris de Corfou qui publia de nombreux écrits, tous brûlants de patriotisme. Un savant hélléniste né à Smyrne, Diamant Coray faisait paraître en français un mémoire intitulé : *L'état actuel de la civilisation en Grèce,* qui était presque immédiatement traduit en grec moderne. Quelques années auparavant, Rhigas, le *Thyrtée* de la Grèce renaissante, avait composé son hymne dont les strophes, qui étaient un appel contre les Turcs *infidèles*, étaient adoptées par les villes et par les campagnes, comme un chant national, un souffle de guerre et de révolte. A la veille de la Révolution, l'abbé de Barthélémy, en publiant son *Voyage du jeune Anacharsis*, qui avait eu un succès inouï, intéressait tout l'Occident à la cause hellénique, et faisait revivre Athènes, Sparte, Thèbes, Corinthe et tous les grands hommes de l'Antiquité. Ce livre fut une œuvre puissante de propagande. En même temps que la Grèce avait commencé à rassembler ses membres épars, à reconstituer sa nationalité, elle avait gagné, conquis les sympathies de l'Europe. Le moment de l'affranchissement approchait.

La Révolution eut fortement son contre-coup en Grèce. L'occupation, par les Français, des îles Ionniennes et des villes de l'Épire, Butrinto, Parga, Préveza et Vonizza, alors possessions vénitiennes, comblait de joie les Grecs. Nos soldats étaient salués comme des libérateurs. Napoléon I^er^ n'avait pas oublié la Grèce dans ses gigantesques projets. Il avait essayé de réunir les Orthodoxes des îles Ionniennes à l'Église catholique, et avait cru pouvoir réussir dans cette tentative. Là, il se trompait. Les Orthodoxes de l'Archipel Ionien opposèrent à toutes les propositions qui leur furent faites une opposition absolue. A partir de ce moment, leur enthousiasme pour la France se refroidit, et il semblait que consentir à la réunion avec Rome, c'était renoncer à tout espoir de résurrection nationale. Néanmoins, notre domination ne leur laissa pas de mauvais souvenirs; les travaux que Napoléon I^er^ fit exécuter à Corfou, dont il voulait faire une base d'opérations rendirent une certaine prospérité à cette île, qui, pendant six cents ans avait été soumise à un régime de fer, celui que la République de Saint-Marc avait l'habitude d'imposer à toutes ses colonies.

A Tilsitt, il fut question, entre Napoléon Ier et Alexandre Ier, du partage de la succession de l'*homme malade*. Un projet de partage fut élaboré : la Russie devait avoir la Bessarabie, la Moldavie, la Valachie, la Bulgarie jusqu'aux Balkans; Napoléon Ier prenait pour sa part l'Albanie, la Thessalie, la Livadie, la Morée et Candie. L'Autriche recevait la Bosnie et la Serbie. La Turquie était réduite, en Europe, à la Thrace et la Macédoine. Alexandre Ier aurait voulu en finir complètement, et voir s'effectuer un partage complet. Il proposait l'Égypte, la Syrie, toutes les îles de l'Archipel à Napoléon Ier, pourvu qu'il eût Constantinople. Celui-ci refusa, et l'on sait la franchise brutale avec laquelle il s'écria : « Constantinople! Constantinople! jamais! c'est l'empire du monde. » Napoléon Ier se trompait. Maîtresse de l'Archipel, de l'Égypte et de la Syrie, la France ne pouvait prendre aucun ombrage de l'établissement des Russes à Constantinople. Cette obstination de Napoléon Ier fut en grande partie la cause de la fragilité de l'alliance russe, qui nous était à cette époque, nécessaire et indispensable. Du moment que les deux grands empires ne pouvaient s'entendre pour régler la question d'Orient, une rupture était fatale.

Dans tous ces projets, les Grecs étaient sacrifiés et pour la diplomatie, ils n'existaient pas. Elle aurait dû se montrer plus clairvoyante. Les Grecs s'adonnaient plus que jamais au commerce. Pendant longtemps, ils s'étaient formés à un cabotage dans les îles et sur les côtes de l'Archipel. Ils commençaient à en sortir, et leurs navires se mettaient à visiter Trieste, Naples, Livourne, Gênes, Marseille, Barcelone, Londres. Les guerres de la Révolution et de l'Empire, le Blocus continental avaient porté un coup terrible à notre marine marchande. Tout le trafic de la Méditerranée, que nous exploitions autrefois, nous échappa pour devenir l'apanage des Grecs. L'Angleterre avait tout fait pour favoriser cet essor, sachant bien qu'elle causerait un grave préjudice à notre industrie. Quand la paix fut rétablie en Europe, en 1815, la situation resta la même, et les Grecs ne firent qu'augmenter leurs transactions. Il était évident que ce mouvement maritime et commercial serait tôt ou tard suivi d'un mouvement politique. Si le congrès de Vienne avait eu quelque souci de sa mission, il se serait occupé de la question grecque, mais, comme il pensait avant tout de satisfaire des rancunes, des convoitises, et qu'il n'a été qu'une immense curée, les affaires d'Orient furent laissées de côté. Les grandes puissances, qui invoquaient avec ostentation la *Sainte-Trinité,* se montraient fort indifférentes au sort des Chrétiens d'Orient. Elles pensaient pouvoir jouir en paix des territoires des populations qu'elles s'étaient adjugées, le plus souvent au mépris des droits les plus légitimes. Là était leur erreur.

En 1821, la Grèce se soulevait, et alors commença une guerre d'extermination. Pendant plusieurs années, les gouvernements restèrent insensibles aux atrocités et aux excès, qui se commirent, mais elles soulevaient partout un cri d'horreur. En 1827, la France, l'Angleterre et la Russie se décidaient à intervenir et livraient la bataille de Navarin. La Grèce voyait enfin mettre un terme à ses souffrances, et l'Europe consacrait à la conférence de Londres son existence comme État indépendant. Malheureusement, les grandes puissances, obéissant à la crainte de soulever quelques complications, commirent une faute. Puisqu'elles étaient décidées à reconstituer une Grèce, elles auraient dû créer un État viable. Elles n'en ont rien fait et conformément à leurs volontés, le royaume de Grèce ne comprenait que le Péloponèse, la Grèce centrale, l'Eubée et les Cyclades. Des terres exclusivement helléniques comme la Thessalie, l'Épire méridionale, les îles de la Crète, de Chios, de Samos, dont les habitants avaient prodigué leur sang pour la cause de l'indépendance, tout autant que ceux du Péloponèse, de l'Attique, de Naxos, étaient condamnées à ne pas faire partie du nouveau royaume de Grèce et replacées sous la domination turque. Si les puissances européennes avaient voulu faire œuvre politique, elles auraient agi différemment. La Grèce étouffait dans les frontières qu'on lui avait assignées. Réduite à un territoire, peu susceptible de culture, épuisé d'ailleurs, il lui était impossible de se développer.

Il ne faut pas s'étonner si elle a cherché à s'agrandir. En 1863, elle s'est annexé les îles Ioniennes; en 1878, elle a obtenu au congrès de Berlin la Thessalie et un canton d'Épire. Ces acquisitions n'ont fait qu'augmenter ses prétentions, et actuellement, elle revendique les populations qui parlent sa langue, professent sa religion et sont restées sous la domination turque. L'on oublie trop en Europe qu'Athènes n'est pas seulement la capitale du royaume de Grèce, dont la population ne dépasse pas 2,200.000 habitants, mais encore le centre de l'Hellénisme, de la nationalité grecque.

## CHAPITRE VIII

**L'Hellénisme en Turquie. — L'Épire. — La Macédoine. — La Thrace. — les îles de l'Archipel. — L'Asie Mineure.**

Depuis la guerre de 1878, la Turquie d'Europe, singulièrement réduite comme territoire et comme population (1), compte à peine six millions d'habitants, et cependant elle est loin d'être homogène comme race et comme religion. Les Musulmans ne constituent que la minorité. Les Chrétiens, dont le nombre dépasse trois millions, comprennent des Grecs, des Bulgares, des Serbes, des Valaques, des Latins, des Arméniens, tous fort antipathiques les uns aux autres. Les Armé-

(1) Nous ne comprenons pas dans la Turquie d'Europe la Bosnie et l'Herzégovine, actuellement occupées par l'Autriche, mais de fait annexées, ni la Roumélie orientale, maintenant réunie à la Bulgarie.

niens sont 250 à 300,000, les Latins 300,000 quant aux Grecs, on peut les évaluer de 12 à 1300,000. En Asie, ils sont peut-être 1300,000. L'on ne s'écarte pas beaucoup de la vérité en estimant toute la population hellénique à deux millions cinq cent mille âmes. A en croire les politiciens du royaume de Grèce, et les statistiques publiées à Athènes, et dont la véracité est suspecte à juste titre, elle s'élèverait à 4 ou 5,000,000. Il faut rabattre des prétentions de l'Hellénisme, qui, en dehors des îles de l'Archipel et de quelques villes ou parties de province, tout en constituant des groupes assez importants, ne forme plus qu'une minorité. L'on s'abuserait étrangement si l'on croyait que la race grecque est restée, ce qu'elle était, comme importance et comme distribution, au moment de la prise de Constantinople par les Turcs, c'est-à-dire il y a plus de quatre siècles.

Les deux provinces, qui sont voisines de la Grèce sont l'Épire et la Macédoine. L'Épire, dont le nom signifie le *continent*, la *terre ferme*, et que les anciens Grecs avaient ainsi nommée par opposition à l'île de Corcyre, qui lui fait face, s'étend le long de la côte de la mer Ionienne depuis l'embouchure de la Voïoutza au nord, jusqu'au golfe d'Arta au sud. Les montagnes du Grammos et du Pinde la séparent à l'est de la Thessalie et de la Macédoine. Ses rivages, excessivement découpés et offrant partout des sinuosités, présentent un développement de plus de 500 kilomètres; sa largeur moyenne n'est guère que de 80 à 90 kilomètres; sa superficie peut s'évaluer à environ 90,000 kilomètres carrés, c'est-à-dire à cinq ou six de nos départements. Dans l'antiquité, l'Épire n'a jamais entrevu que de loin la civilisation hellénique. Pour Thucydide, la Grèce civilisée s'arrêtait à Naupacte. Les Epirotes étaient presque considérés comme des barbares. Les Grecs divisaient leurs pays en quatre parties, la Chaonie, la Molosside, l'Athamanie et la Thresprotie, qui tiraient leurs noms des peuplades qui les habitaient. La population devait être considérable et les villes nombreuses. Mais aucune d'elles n'a laissé un seul édifice qui témoigne d'une civilisation avancée, à part les belles ruines de Nicopolis, situées à 7 kilomètres de Préveza. Nicopolis avait été fondé par Octave en souvenir de la bataille d'Actium. C'était par conséquent une ville romaine. Dans l'intérieur, près du lac qu'on nomme actuellement le lac de Janina, se trouvait Passaro, et à peu de distance Dodone, célèbre dans toute la Grèce par son temple de Jupiter et sa forêt sacrée dont les chênes rendaient des oracles. Actuellement, l'on ne rencontre dans cette région qu'un seul genre de construction, les murs dits *Pélasgiques*. Ils sont plus nombreux que partout ailleurs. C'est par centaines qu'il faut les compter, et dans certaines vallées, l'on rencontre quelquefois plusieurs enceintes de ce genre, voisines les unes des autres. L'Épire n'a jamais fourni qu'un seul grand homme, Pyrrhus, qui en réalité n'était qu'un condottiere de génie. Elle a toujours vécu dans l'isolement, et c'est tout au plus, si l'on pouvait dire qu'elle était en partie *hellénisée*.

Si, dans l'antiquité, l'Épire n'était qu'à moitié grecque, il en est de même aujourd'hui. Sa population sur laquelle l'on ne peut donner que des chiffres approximatifs, dépasserait six cent mille âmes, d'après une note de M. Moreau, consul de France, à Janina, publiée dans le *Bulletin de la Société de Géographie* de 1876. Les Chrétiens sont au nombre de 350,000, les

Musulmans 260,000 et les Juifs 8,000. Les Chrétiens forment ainsi la majorité, mais comme ils sont distribués irrégulièrement, ils ne l'emportent que dans deux des quatre sandjacks ou gouvernements entre lesquels l'Épire est divisée. Ces deux sandjacks sont ceux de Janina et de Préveza. Dans le sandjack de Janina, l'on compte 175,000 Chrétiens, 40,000 Musulmans et 3,000 Juifs. La ville de Janina, qui, pour les Européens, est toujours hantée par les souvenirs du terrible pacha Ali de Tébelen, n'a plus que 20,000 habitants dont le quart à peine est Musulman. C'est actuellement un des centres de propagande pour l'Hellénisme. Dans l'autre sandjack, celui de Préveza, peuplé de quarante mille âmes, les Chrétiens constituent plus des trois quarts de la population. Il n'en est plus de même dans les deux sandjacks de l'Épire septentrionale, d'Argyrocastro et de Bérat. Dans le sandjack d'Argyrocastro auquel l'on accorde 197,000 habitants, 96,000 seraient Musulmans et 101,000 Chrétiens. Quant au sandjack de Bérat, situé plus au nord, les Chrétiens n'y constituent qu'une infime minorité, 34,000 en présence de 114,000 Musulmans. De plus, il ne faut pas oublier que les Chrétiens appartiennent à différentes races. C'est tout au plus, si 250,000 sont Grecs ou à peu près hellénisés. Les autres sont des Albanais, des Valaques, des Serbes, dont la plupart ignorent la langue grecque. L'on voit que l'Hellénisme est assez mal fondé, quand il réclame toute l'Épire comme sa propriété, c'est tout au plus, s'il peut en revendiquer la partie méridionale.

Ce que nous disons pour l'Epire est encore plus vrai, lorsqu'il s'agit de la Macédoine. Cette dénomination que l'on a fait revivre depuis quelques années ne correspond à aucune division de l'empire ottoman et n'est qu'une expression géographique. Aussi si l'on veut délimiter le territoire macédonien avec quelque précision, il faut suivre ses divisions physiques. La Macédoine bornée au sud par la Thessalie dont elle est séparée par la célèbre vallée de Tempé et les anciens monts Cambuniens, à l'ouest par l'Albanie et l'Épire ; au nord par la chaîne du Schar-Dagh, l'extrémité méridionale de la Serbie et la principauté de de Bulgarie. A l'est la frontière est mieux tracée; elle est formée par les monts Rhodopes, qui séparent la Macédoine de la province de la Roumélie orientale et de la Thrace et vient aboutir au Port-Lagos. Avec ses frontières naturelles, la Macédoine renferme une superficie d'environ 90 à 100,000 kilomètres. C'est une région fort montagneuse qu'une chaîne transversale divise en deux parties, la Basse et la Haute Macédoine. Cette dernière est presque inconnue. Contrairement à la Grèce et à l'Epire, qui sont des pays pauvres, la Macédoine possède un sol fertile, et ses productions sont aussi nombreuses que variées. Nous citerons les céréales, la vigne, les arbres fruitiers, le tabac, le coton. Les pâturages sont nombreux et nourrissent quantité de moutons. L'on a constaté dans différents massifs montagneux l'existence de plusieurs gisements métallifères. Mais avec le régime turc, aucune de ces ressources n'a encore été exploitée.

L'on connait le rôle de la Macédoine dans l'antiquité. C'est là que s'est accomplie l'une des périodes les plus intéressantes de l'histoire grecque. L'on y trouvait alors des cités florissantes, une population nombreuse et policée. Aujourd'hui, le voyageur, qui foule le sol macédonien, ne peut se défendre d'un profond sentiment de tristesse, en voyant qu'il parcourt souvent une solitude ayant pour hôtes des pâtres, aux mœurs grossières, et que, parfois, il y a de la peine à reconnaître l'emplacement de cités qui, dans l'antiquité, étaient autant de foyers de la civilisation hellénique. La Piérie que l'on trouve en sortant de la Thessalie et où les anciens avaient placé le séjour des Muses, n'est plus qu'un fourré de broussailles, de charmilles, de cornouillers, d'arbres de Judée, et sur les points culminants, de grands chênes et de micocouliers. Le pays, jadis peuplé, est désert, et à peine y trouve-t-on quelques misérables villages et, çà et là des fragments de sculpture et des marbres antiques. Près d'un hameau de trente à quarante cahutes de branchages et de boue pétrie nommé Malathria, se trouvent les vestiges de l'antique Dion, qui, quoique son enceinte n'eût qu'un kilomètre de tour, était une ville de palais et de statues, une résidence royale, une sorte de *Versailles*. Trois villes ont surtout joué un rôle dans l'histoire de la Macédoine : Pydna, Pella et Édesse. Les deux premières n'existent plus qu'à l'état de souvenir. Pydna, le principal port macédonien, doit être placé entre le lieu dit *Palæo-Kitros* où se trouve les restes d'un fort byzantin et l'échelle de Kitros où les barques viennnent aborder. Des accumulations de terrassements, des poteries indiquent l'emplacement de la ville; aux environs se trouvent des *Tumuli*. Pella, dans l'intérieur, a été mieux reconnu. L'on est parvenu à déterminer son enceinte qui avait six kilomètres de tour. Sur ses ruines, où l'on voit des fragments de colonnes, des *tumuli*, s'élève le village de Haghious-Apostolous, qui compte une centaine de maisons. Édesse existe toujours, mais elle a perdu son nom, pour prendre une dénomination serbe, Vodkéna, à cause de l'abondance de ses eaux; et ses habitants au nombre de 12 à 15000 sont Musulmans ou Bulgares, pour la plupart. A peine y trouve-t-on quelques centaines de Grecs. La Chalcidique, naguère couverte de cités grecques des plus florissantes, est presque déserte et l'on est presque réduit à chercher l'emplacement des villes d'Olynthe, de Potidée, de Scione, d'Apollonie, d'Acanthe, de Mendée, etc!

L'on se demande à combien s'élève la population de la Macédoine. En l'absence de statistiques, l'on est obligé de se contenter d'évaluations plus ou moins certaines. Les chiffres qui ont été donnés, jusqu'à présent, nous paraissent trop faibles et si l'on s'en rapporte à M. Gaston Deschamps dont la compétence pour tout ce qui regarde l'Orient est indiscutable, la population de la Macédoine dépasse 1,900,000 âmes. Cette population est plus mélangée que dans n'importe quelle autre partie de l'empire ottoman et se compose de Grecs, de Turcs, de Bulgares, de Juifs. L'on y trouve aussi des Valaques, des Serbes, des Albanais, des Tziganes et des Européens.

Les Grecs constituaient la race la plus ancienne de la Macédoine. Autrefois elle était de beaucoup la plus nombreuse, et l'idiome hellénique, le plus répandu, était celui de la grande majorité des habitants. Jusqu'au dixième siècle de notre ère, la Macédoine était assez peuplée. Les invasions bulgares et serbes anéantirent sa prospérité et sa population, presque toute grecque ou hellenisée, diminua considérablement. L'arrivée des Turcs ne fit qu'aggraver la situation, si bien qu'au commencement du dix-huitième siècle, l'intérieur du pays était presque désert. L'émigration bulgare, qui, il y a cent quarante ans, a commencé à se répandre dans la Macédoine, a porté un coup terrible à la race grecque.

Depuis les Grecs n'ont pas cessé de perdre du terrain. Aujourd'hui, ils n'existent plus qu'à l'état d'exception, dans la Haute Macédoine et ont, en quelque sorte, disparu de cette région. Dans la Basse Macédoine, quoique formant un groupe considérable, ils ne sont plus la majorité, et ne l'emportent que dans le territoire qui s'étend de Thessalie aux lacs Kastoria et Kaliari, sur les côtes, dans la Chalcidique et dans le district de Sérès. Au fur et à mesure que l'ont remonte vers le nord, l'élément grec disparaît peu à peu, pour faire place à l'élément bulgare, qui domine déjà à la hauteur de Melnick, et cependant cette dernière ville est située dans la Basse Macédoine. A combien peut s'élever la population grecque de la Macédoine? Si nous nous en rapportons aux chiffres fantaisistes, qui se publient à Athènes, elle dépasserait de beaucoup la population bulgare. Mais ces renseignements intéressés ne doivent nous inspirer qu'une médiocre confiance, et nous pensons être dans le vrai en évaluant à trois cent mille le nombre des Grecs, qui résident dans l'ancien royaume de Philippe. Ils ne constituaient ainsi qu'une minorité, à peine un sixième de la population. Mais en revanche, ils sont la race la plus instruite, la plus policée et la plus remuante, et ce sont eux qui détiennent avec les Turcs la plus grande partie de la propriété foncière dans la Basse Macédoine. Aussi leur influence est-elle considérable et se fait-elle vivement sentir.

Les Musulmans sont environ six cent mille, en Macédoine. Les Turcs entrent dans ce nombre, à peine pour la moitié. Les autres, sont d'origine bulgare, serbe, des descendants de Chrétiens, qui embrassèrent l'Islamisme, au moment de l'invasion, ou des Albanais, qui constituent plusieurs colonies importantes, principalement à Uskup, à Monastir, à Prilip. Les Musulmans forment des groupes considérables dans les plaines situées au pied des Rhodopes et dans la Haute Macédoine, et en grande partie, la population des villes. Ceux d'entre eux qui appartiennent à la race bulgare, habitent principalement entre Monastir et le Vardar et sont connus sous le nom de Pomaks. Tout en acceptant le Koran, ils ont conservé certains usages, qui rappellent le Christianisme.

Ce sont les Bulgares, qui constituent, en Macédoine, la population réellement en progrès, grâce à l'émigration qui s'est produite au siècle dernier. Ce fait, l'un des plus intéressant de l'empire ottoman, est pour ainsi dire resté ignoré, et cependant l'on ne peut se dissimuler ses conséquences. Au quinzième siècle, au moment de l'invasion turque, les Bulgares n'existaient, en Macédoine, qu'à l'état de minorité peu importante. Une partie d'entre eux embrassa l'Islamisme, et ceux qui étaient restés Chrétiens, vivaient confondus avec les Grecs dont ils empruntaient la langue. Aussi pouvait-on les considérer comme en partie hellénisés. Cette situation dura près de trois cents ans. La Macédoine était alors dépeuplée et, de vastes domaines appartenant soit aux Grecs, soit aux Turcs, restaient incultes, faute de bras pour les mettre en valeur. Les Grecs, qui préféraient s'adonner au commerce, résidaient principalement dans les villes et les cantons avoisinant la mer. Ils songèrent alors à avoir recours aux Bulgares qu'ils savaient apprécier comme travailleurs infatigables, et se contentant d'un modeste salaire. Les Bulgares parurent, d'abord en Macédoine, comme ouvriers agricoles : ils ne tardèrent pas à s'y fixer définitivement, en acquérant les terres qu'ils cultivaient à titre de fermiers. Les circonstances leur étaient favorables : Les Grecs et les Turcs, qui détenaient la propriété foncière, étaient presque tous endettés, et leurs terres hypothéquées. Rien n'était plus facile aux Bulgares, dont l'économie est la principale qualité, que de les acheter, et c'est ainsi que la plupart des vastes domaines de l'intérieur du pays ont été dépecés et morcelés. Une véritable révolution économique s'est opérée et elle a été radicale. Sauf dans le midi et sur le littoral, la grande propriété a presque complètement disparu pour faire place à la petite. Cette transformation s'est surtout fait sentir dans la Haute Macédoine, qui est un pays en grande partie bulgare par la race, la langue et les mœurs. Cette émigration déborde actuellement sur la Basse Macédoine. L'on estime à plus de six cent mille âmes la population bulgare de la région macédonienne.

En dehors des Grecs, des Musulmans et des Bulgares, qui constituent les trois races principales, la Macédoine compte encore d'autres hôtes. Tels sont les Serbes, qui sont environ 200,000, principalement répartis dans la partie de la Haute Macédoine, qui avoisine la Serbie. Ils proviennent pour la plupart de la grande invasion serbe, qui a eu lieu au quatorzième siècle. Les Valaques, au nombre de 80,000, forment deux groupes principaux; l'un aux environs de Monastir, et l'autre beaucoup plus important, près de la frontière d'Albanie, entre Presba et Okhrida. L'on rencontre aussi des Tziganes. L'on estime qu'ils sont partout ailleurs, errants, nomades, ayant conservé leurs mœurs et leur type caractéristique, ne se mêlant jamais avec les peuples dont ils parcourent le territoire. Enfin l'élément juif est considérable; il est représenté par 90,000 têtes, domine à Salonique et s'accroît rapidement. Son rôle commercial est considérable. Salonique, la capitale de la Macédoine est, grâce à sa position, l'une des places maritimes les plus importantes. Au moyen-âge, les Vénitiens, qui l'on possédée de 1313 à 1430, en avaient fait un centre d'affaires, le siège d'un commerce actif. Depuis l'ouverture du canal de Suez et la construction du chemin de fer qui la relie à Belgrade, cette ville voit son trafic se développer de plus en plus, au détriment de Constantinople. Sa populations s'élève actuellement à 200,000 âmes dont 80,000 Juifs, 50,000 Musulmans, 36,000 Grecs, 10,000 Serbes, 10,000 Bulgares, 5000 Italiens, 1500 Français, 1,200 Allemands, 800 Anglais, 1000 Arméniens, et 5000 Tziganes. Les Juifs, qui forment le groupe le plus important sont venus d'Espagne à l'époque où ils furent chassés par les rois catholiques. Presque tous parlent entre eux un castillan aux formes archaïques, et beaucoup portent des noms espagnols. Il exercent tous les métiers, depuis les professions manuelles jusqu'aux emplois les plus élevés, et à côté des maisons de riches banquiers ou de négociants notables se trouvent de misérables cahutes habitées par des gens aux hâillons sordides. Entre les Juifs de Salonique, l'on ne trouve pas la solidarité qui distingue leurs coreligionnaires partout où ils se trouvent. Salonique n'est ni turque, ni byzantine ni grecque, ni moderne. Ce qui frappe c'est son aspect étrange. Elle rappelle qu'elle a été une colonie vénitienne, et l'on sent le passage de la griffe puissante du Lion de Saint-Marc qui dispute l'Archipel au Croissant. Il y règne une activité, qui, d'habitude ne se trouve pas dans les pays d'Orient. La ville basse, où est situé le port, bourdonne sans cesse comme une ruche d'abeilles. Encore quelques années, Salonique sera le grand port de l'Europe en Orient, sa voie de communication avec la mer Rouge et les Indes.

Dans la Thrace, ainsi que dans la Macédoine, les Grecs ne constituent qu'une minorité. Nous appelons ainsi, et nous lui restituons son ancien nom, la partie de la Turquie d'Europe, qui, jusqu'à la guerre de 1878 était désignée sous le nom de Roumélie. A cette province, non compris la capitale, Constantinople, qui forme un gouvernement particulier, correspond à peu près le vilayet d'Andrinople; sa population actuelle peut s'élever à 13 ou 1,400,000 âmes. Au temps des empereurs byzantins, les Grecs formaient la grande majorité, sinon la totalité des habitants de cette région, que l'on considérait en quelque sorte comme la banlieue de la cité impériale. Aujourd'hui il n'en est plus ainsi. Les Grecs y sont bien moins nombreux que les Musulmans, peut être 300,000. Comme en Macédoine, ils ont perdu du terrain, et l'émigration bulgare a commencé à se porter de se côté. Andrinople, la capitale du vilayet, compte 100,000 habitants dont 30,000 Musulmans, 30,000 Grecs, 30,000 Bulgares, 8,000 Juifs et 2,000 Arméniens. Au commencement du siècle, les Bulgares n'y étaient que quelques centaines, et cette ville passait pour être complètement grecque. Il semblerait que la population chrétienne du sandjack de Gallipoli, le plus méridional du village dût appartenir presque tout entière à la race hellénique; cependant, il n'en est rien. Sur 175,000 habitants que les statistiques lui donnent, les Grecs ne sont que 70,000, en présence de 75,000 Musulmans, de 25,000 Bulgares, de 2,000 Arméniens et de 2,000 Juifs. Dans plusieurs villes, où l'élément bulgare n'a pas encore fait son apparition, les Grecs ne constituent qu'une minorité : C'est le cas de Rodosto, situé sur la mer de Marmara, et le siège d'un certain commerce. Sa population s'élève à 25,000 âmes dont 13,000 Turcs, 5,000 Grecs,

6,000 Arméniens, 7 à 800 Juifs. Dans la partie de la Thrace dont la diplomatie a voulu faire une province autonome sous le nom de *Roumélie* orientale, et qui maintenant est réunie à la Bulgarie, la disparition de l'élément grec est plus frappante que partout ailleurs. Sur 1,000,000 d'habitants, l'on ne compte que 50,000 Grecs, dont près de 6,000 dans la capitale, Philippopoli. L'ancienne Roumélie orientale est bulgare et en fait et en droit. Les prétentions que l'Hellénisme pourrait élever à son sujet ne seraient pas prises au sérieux. L'on peut se demander si elles seraient mieux fondées pour la Thrace. Il ne faut pas l'oublier, les Musulmans y constituent le groupe le plus nombreux, et les Grecs une minorité dont l'hégémonie est énergiquement repoussée par les autres Chrétiens. Ce qui s'est passé dans la Macédoine se répètera probablement dans la Thrace. Toute la partie voisine de la Bulgarie, sera plus ou moins *bulgarisée,* et bientôt les Grecs ne formeront plus de groupes importants que sur le littoral et dans les villes maritimes.

A plus forte raison, les Grecs ne peuvent élever aucune prétention au sujet de Constantinople. Pendant longtemps, dans l'Europe occidentale l'on a vécu à cet égard dans les illusions les plus complètes. Nombre de gens croyaient que la capitale de l'empire ottoman était restée une ville grecque, comme le lendemain de sa prise par Mahomet II, que la population chrétienne y constituait la grande majorité de ses habitants et appartenait presque tout entière à la race hellénique et que les Musulmans n'y étaient représentés que par une minorité oppressive. Cette erreur a fait son temps; mais malheureusement elle n'a que trop influencé la diplomatie. D'après la statistique officielle de 1885, la population de Constantinople s'élève à 880,000 habitants dont 385,000 sont Musulmans. Les Grecs 153,000; les Arméniens 157,000; les Juifs 50,000; les Bulgares 5,000; les Latins 1,100; les Protestants 900, les sujets étrangers, près de 130,000 dont 50,000 Hellènes. La colonie étrangère la plus importante après est celle des Italiens, représentée par 17,000 nationaux. Viennent ensuite les colonies persane, anglaise, allemande, autrichienne, française, russe. La colonie anglaise est principalement représentée par les Maltais au nombre de

5 à 6,000. Constantinople est à la fois une ville turque et cosmopolite, et ce serait s'abuser étrangement, si on voulait la considérer comme la capitale de l'Hellénisme. Elle a beau avoir pour elle son passé, les souvenirs de l'Empire Byzantin, être la résidence du patriarche œcuménique, c'est-à-dire le centre religieux de plusieurs millions d'hommes, ce n'est plus vers elle que les Grecs tournent leurs regards et leurs espérances. C'est du côté d'Athènes, la ville moderne, la capitale du royaume de Grèce. Les Phanariotes, dont le crédit était autrefois si puissant, n'ont plus qu'une influence fort restreinte sur le mouvement hellénique. Nombre de patriotes les regardent avec quelque méfiance, et se rappellent toujours leur servilité envers la Porte et leur morgue vis-à-vis leurs coreligionnaires. Du reste, il serait assez difficile de transformer Constantinople en une ville grecque. Il faudrait en expulser les Musulmans, c'est-à-dire la majorité de ses habitants. De plus, l'entente entre les Grecs et les Arméniens ne serait pas de longue durée. Ces derniers seraient bientôt en butte à une persécution de la part de l'Église orthodoxe dont la

tolérance n'est pas la principale qualité. Les Turcs peuvent être chassés de Constantinople, mais ce ne seront pas les Grecs qui seront appelés à les y remplacer.

Dans les îles de l'Archipel, au contraire, les Grecs constituent la presque totalité de la population. Ils sont chez eux, et les Musulmans ne figurent qu'à titre d'exception. Les îles, non comprises celles de la Crète, de Samos et de Thasos, forment un vilayet spécial, celui de l'Archipel. Sa population approche de 340,000 habitants dont 29,000 Musulmans, 3,000 Latins, 2,200 Juifs; tous les autres sont Grecs par la langue, la religion, les mœurs et les traditions. Le vilayet y est divisé en quatre sandjacks, auxquels correspondent les quatre îles principales : Rhodes, Chios, Mételin et Lemnos. L'île de Rhodes, qui dans l'antiquité fut une république et dont la population s'élevait à deux cent mille âmes, n'en a plus que trente mille dont 21,000 Grecs, 7,000 Musulmans, 500 Latins et 1,500 Juifs. Chios, dont le nom a retenti si douloureusement dans toute l'Europe, lors des massacres de 1822, et qui est toujours resté une terre fertile dont le mastic est la principale production, en a près de 70,000 dont 65,000 Grecs, 2,000 Musulmans, 2,000 Latins et 500 Juifs. A Mételin, l'ancienne Lesbos, qui surveille l'entrée du détroit des Dardanelles et possède de bons mouillages, la population s'élève à 110,000 habitants, dont 95,000 Grecs, 14 mille Musulmans, 800 Latins, et 100 et quelques Juifs. A Lemnos sur 28,000 habitants, plus de 25,000 sont Grecs et 2,600 Musulmans. Dans les îles plus petites, la différence en faveur des Chrétiens est encore plus grande. Dans l'île de Carpathos, située entre Rhodes et la Crète, sur 8,000 habitants, l'on ne compte que 50 Musulmans; dans l'île Symi, séparée de la côte d'Asie par un étroit canal, sur 8,000 habitants, 200 Musulmans. Il en est de même des îles Ipsara et Nikaria; la première a 5,000 habitants dont 50 Musulmans; la seconde 10,000 dont 70 Musulmans. L'île de Cos, la patrie d'Hippocrate, a également dix mille âmes dont 600 Musulmans. A Kalymmos, 350 Musulmans se trouvent en présence de 9,000 Chrétiens; à Imbros qui dépend du sandjack de Lemnos, la population s'élève à quatorze mille âmes dont seulement 150 Musulmans. La même proportion se reproduit à Thasos, situé sur la côte de Macédoine, et qui ne fait pas partie de l'Archipel. Cette petite île, si florissante dans l'antiquité, et qui a eu jusqu'à 80,000 habitants, n'en a plus actuellement que 12,000 dont 150 Musulmans. Samos, qui depuis 1832 forme une petite principauté autonome, est peuplé de près de 50,000 Grecs; l'on n'y trouve pas un seul Musulman, en dehors de la petite garnison de 150 soldats que le sultan y entretient, pour rappeler sa suzeraineté nominale. On ne saurait trop le répéter, toutes les îles de l'Archipel sont ainsi que la Crète des terres grecques, exclusivement grecques; l'on peut dire qu'elles sont la propriété légitime de l'Hellénisme.

Il n'en est pas de même en Asie Mineure, où partout les Grecs ne constituent que d'infimes minorités. Dans le vilayet d'Angora dont la population s'élève à 900,000 habitants, ils ne sont que 40,000; dans celui de Trébizonde peuplé d'un million d'âmes, 50 à 60,000, dans celui de Kastamouni, sur 1 million d'habitants 30,000. Il n'y a que deux vilayets, celui de Brousse et celui de Smyrne où il forment des groupes importants. Dans le vilayet de Brousse sur 1,650,000 âmes l'on compte 1,300,000 Musulmans, 240,000 Grecs, 90,000 Arméniens, 4,000 Juifs, et 2,000 Bulgares. Le vilayet de Smyrne a une population de près 1,500,000 habitants dont 1,100,000 Musulmans, 250,000 Grecs, 20,000 Arméniens, 90,000 Juifs. Les Grecs sont loin d'avoir la mojorité! Ils ne l'ont que dans la ville de Smyrne. Cette cité dont l'importance commerciale grandit chaque jour compte environ 200,000 habitants qui se répartissent ainsi : Grecs 110,000 habitants dont 25,000 sont sujets Hellènes; Musulmans 45,000 Arméniens 5,000; Juifs 16,000; Persans 3,000; Européens 20,000; dont 7,000 Italiens. Les Grecs dominent non seulement par le nombre, mais encore par leur activité. Smyrne est pour eux un centre d'où ils essaient de propager dans la région voisine leur langue et leur influence. Leurs agents de propagande sont le clergé, les maîtres d'école et les médecins qui, pour la plupart, ont fait leurs études à l'université d'Athènes. Malgré leurs efforts, ils ne pourront jamais réussir à helléniser les anciennes provinces de Lydie, de Phrygie et de Carie, à faire revivre l'ancienne Ionie dont les poètes ont chanté le beau ciel, et à faire résonner de nouveau l'idiome d'Homère sur les bords du Caistre dont ont célébrait les cygnes dans l'antiquité. Ce serait se bercer d'illusions que de croire à la résurrection des colonies grecques sur la côte asiatique. Smyrne, contente d'être une grande place de commerce, ne désire pas l'annexion à la Grèce et se complait dans sa situation privilégiée. Dans toute l'Asie-Mineure, les Grecs ne sont guère que 8 à 900,000. Peut-être seront-ils appelés à y jouer un rôle important, mais il leur sera toujours impossible *d'y créer une nouvelle Grèce.*

Tel est l'Hellénisme, il ne faut pas se faire illusion à son sujet; c'est le réveil d'une nationalité, c'est un élément dont l'action grandit de plus en plus en Orient. Désormais, l'Europe devra compter avec lui et tenir compte de ses revendications, quand elles sont fondées et légitimes. L'Hellénisme est dans son droit quand il revendique la Crète; il sera encore dans son droit, quand il revendiquera l'Épire méridionale que lui avait donnée le congrès de Berlin, les cantons de la Macédoine voisins de la Thessalie, les autres îles de l'Archipel. Toutes ces terres sont grecques par la langue, la religion, les mœurs, leur passé et leurs traditions. Leur réunion au royaume de Grèce n'est qu'une affaire de temps. Mais l'Hellénisme ne doit pas outrer ses prétentions. Il s'illusionne, lorsqu'il songe à Salonique et à Constantinople. Du moment que Salonique cessera d'appartenir aux Turcs, elle passera aux mains d'une autre puissance européenne, mais jamais elle ne dépendra d'Athènes. Quant à Constantinople, poser la question c'est en quelque sorte la résoudre. L'établissement de l'Empire Byzantin est impossible, irréalisable. C'est une utopie, qui n'aurait pas plus de chance de succès que la résurrection du fameux empire de Trébizonde dont la seule gloire est d'avoir été célébré par nos romans de chevalerie du moyen-âge.

## CHAPITRE IX

### Les Turcs. — Les réformes en Turquie. La question d'Orient.

Les Turcs constituent le groupe de beaucoup le plus important dans l'empire ottoman. L'on évalue leur nombre à neuf ou dix millions ; très clairsemés en Europe, où ils sont à peine un million, ils forment une masse compacte dans l'Asie-Mineure ; dans les autres provinces de la Turquie d'Asie, telles que la Syrie, l'Irak-Arabi, ils n'existent pour ainsi dire qu'à l'état d'exception. Originaires de l'Asie centrale, ils ont perdu peu à peu, en s'avançant vers l'Occident, leur type primitif, tel qu'il existe encore chez les Mongols. Aujourd'hui, par suite de leurs croisements continuels avec les femmes blanches, les Turcs appartiennent bien plus à la race caucasique qu'à la race jaune. Pendant longtemps, ils ont été, pour ainsi dire, inconnus à l'Europe occidentale. L'on s'accorde à reconnaître leur probité et pour dire qu'ils sont hospitaliers, mais vindicatifs, orgueilleux, indolents, inhabiles au commerce et à l'industrie, et regardant le travail comme indigne d'eux. Habitués à la domination, la résistance les rend cruels. Leur valeur militaire est incontestable. Pleins de mépris pour tous les non Musulmans qu'ils appellent *giaours,* leur Islamisme, à la différence de celui des Arabes, est surtout politique. On les voit souvent mêler à leurs pratiques religieuses, certaines habitudes qui ne sont précisément pas d'accord avec le Koran. C'est ainsi qu'à Constantinople il y a des Turcs, qui ont la plus grande confiance dans l'eau de Lourdes; ils en demandent souvent, ainsi que leurs femmes, aux sœurs de nos missions. Tant que les Turcs ont été conquérants, ils semblaient être appelés à fonder un puissant empire. Depuis que la période belliqueuse est passée, leur contact avec l'Europe ne leur a pas été favorable. Loin de croître et de se multiplier, ils vont sans cesse en diminuant. En 1867, dans un rapport présenté au Sultan Abdul-Aziz, Mustapha-Fasil jetait un cri d'alarme et constatait, avec effroi, cette progression croissante de la dépopulation.

L'apparition des Turcs, en Europe, causa une véritable épouvante. La chute de Constantinople, qui achevait de fonder l'empire ottoman et de le constituer dans son unité formidable, était une menace pour la Chrétienté. Le pape Nicolas V ouvrit le premier la guerre sainte et chercha, pendant les années 1454 et 1455, à former une grande ligue contre Mahomet II. Son successeur, Calixte III, suivit la même politique et fit prêcher la Croisade. Dans le but de soulever les peuples, il ordonna que chaque jour, à midi, on sonnât les cloches dans toutes les paroisses de l'Europe, afin d'avertir de prier pour les défenseurs de la Chrétienté, qui combattaient contre les Turcs. Des indulgences étaient accordées à ceux qui, au son des cloches, réciteraient à cette intention le *Pater* et l'*Ave Maria*. Telle fut l'origine de *l'Angelus*. Pendant cent et quelques années, la Papauté fut, pour ainsi dire, seule en présence de l'invasion musulmane, et au moyen des chevaliers de Saint-Jean de Jérusalem, de la Hongrie, de la Pologne, de la Perse, elle parvint, sinon à l'arrêter, du moins à ralentir sa marche. Au siècle suivant, une Croisade s'organisait et, en 1572, se livrait la bataille de Lépante. A partir de ce moment, l'Europe n'avait plus rien à craindre des Turcs. L'empire ottoman était arrivé à son apogée ; il avait éprouvé son premier désastre. La période de décadence allait bientôt commencer pour lui.

En paraissant dans les plaines de Thrace, dans les montagnes de la Macédoine ou sur les bords du Danube, et en détruisant l'empire grec par la prise de Constantinople, les Turcs n'étaient pour les Chrétiens que des barbares, qui venaient imposer par le sabre une religion exécrée. Avec le sultan Soliman II, ils prirent place parmi les peuples de l'Europe et jouèrent un rôle important dans ses destinées. Ce fut François Ier qui introduisit les Ottomans dans le monde politique. On lui a reproché, comme un crime, ses relations avec les ennemis du Christianisme et lui-même semblait en rougir. Il ne faut pas oublier qu'à cette époque, l'équilibre européen était menacé, sur le point d'être détruit par la Maison d'Autriche, et que François Ier fit utilement servir les Turcs à le maintenir. Du reste l'alliance ottomane que le roi de France avait obtenue, Charles-Quint l'avait demandée et recherchée. Enfin la religion y gagna ; les Chrétiens d'Orient, ainsi que tous les marchands, qui naviguaient sous notre pavillon, trouvaient sous la protection de nos consuls une certaine sécurité. L'article premier de la capitulation de 1535 stipulait expressément que les pèlerins, qui se rendraient à Jérusalem, et les religieux de l'église du Saint-Sépulcre seraient à l'abri de toute vexation. Cette capitulation fut confirmée et renouvelée par la capitulation de 1569, sous Charles IX ; par la capitulation de 1581, sous Henri III ; par les *capitulations de 1597 et de 1604*, sous Henri IV ; par les capitulations de 1614, 1635 et 1640, sous Louis XIII ; par les capitulations de 1649 et de 1673, sous Louis XIV ; par la capitulation de 1740, sous Louis XV. Ce fut grâce aux capitulations, que la France a pu avoir un consul *à Jérusalem, pour défendre* ses *intérêts* dans cette ville et en même temps pour y protéger les *Lieux* Saints. Ce fut grâce à la politique, inaugurée par François Ier, suivie par ses successeurs, que la France, tout en gagnant l'alliance de la Turquie, est devenue la protectrice des Chrétiens, rôle glorieux qui a singulièrement rehaussé son prestige et qu'elle ne doit, ni ne peut oublier.

En prenant pied en Europe, les Turcs ne s'y sont jamais réellement établis; comme on l'a dit avec raison, ils y sont restés *campés*. Au lieu de devenir une puissance européenne, ils sont demeurés Asiatiques. Tant que la période de conquête a duré, leur puissance a été redoutable. Les qualités militaires dont ils ont fait preuve de tout temps, aujourd'hui comme autrefois, suffisaient pour maintenir leur empire. Quand la période de conquête a été terminée, la Turquie pouvait, ainsi que toutes les autres nations, entrer dans une seconde période, celle de l'apogée, apporter son tribut à l'humanité et jouer son rôle au point de vue moral et intellectuel ; il n'en a rien été. Le peuple turc est resté étranger à toute culture scientifique; sa littérature est une littérature d'emprunt; ses poètes fort nombreux, puisque, suivant M. Hammer, ils s'élèveraient à plus de deux mille, imitent presque toujours des modèles arabes et persans. Les Turcs n'ont rien produit; ils n'ont jamais été que des conquérants, des batailleurs. Ils n'on jamais su organiser leurs conquêtes. Au lieu de s'assimiler leurs sujets chrétiens, ou tout au moins de leur faire aimer, accepter leur domination, comme les Arabes en Espagne, ils les ont traités comme des êtres inférieurs, et en ont fait des *raïas*, des ennemis. Les Janissaires constituaient la principale force des armées ottomanes, et souvent ils ont fait trembler l'Europe. Du moment que la période belliqueuse a été terminée, ils ont perdu leurs qualités militaires, sont devenus des citoyens comme les autres, pouvant se marier, exerçant des métiers. Cette troupe, autrefois la première de l'empire, n'a plus été désormais qu'une soldatesque indisciplinée, une garde nationale. Les sultans, croyant s'entourer d'un prestige, sont devenus en quelque sorte invisibles, vivant dans la mollesse et laissant prendre au harem l'influence sur les affaires publiques. Toutes ces causes de faiblesse et de dissolution furent signalées au dix-septième siècle, au moment de la guerre de Candie, par un savant turc, Khotschiberg, qui avait publié un livre sur la *décadence de l'empire ottoman*, et l'avait dédié au sultan Murad IV. Cet avertissement ne devait que trop tôt être suivi d'effets. Du moment que les Turcs cessaient de conquérir, ils devaient forcément entrer dans la période de décadence.

Sitôt la guerre de Candie, la décadence marcha rapidement et, un siècle plus tard, la Turquie était obligée, après une guerre malheureuse, de subir le traité de Kaïnardji que lui imposa la Russie, en 1774. Ce traité donnait au Tzar le droit de remontrance en faveur des Chrétiens orthodoxes, sujets ottomans. C'était un véritable protectorat, et en même temps, un coup terrible porté à la puissance du sultan, une intervention étrangère se substituant à son autorité. Il était permis de prévoir la chute de l'empire ottoman, et, dès lors, il fut question de procéder, dans un avenir plus ou moins rapproché, à la *liquidation de la succession de l'homme malade*. Un projet de partage fut même ébauché entre les cours de Vienne et de Saint-Pétersbourg. Les jours de l'empire ottoman étaient en quelque sorte comptés, et, sans la Révolution française, qui vint bouleverser l'Europe, un démembrement aurait eu lieu. En 1827, l'indépendance de la Grèce a été consacrée par la bataille de Navarin. Depuis, les grandes puissances ont fait entrer la Turquie dans le concert européen, mais tous leurs efforts, pour arrêter son déclin, ont été inutiles. En 1840, elles ont été obligées d'intervenir à propos des affaires d'Égypte; en 1860, la France envoyait un corps de troupes faire la police dans une province de l'empire, en Syrie; en 1862 et 1863, les puissances européennes sont intervenues pour le Monténégro et la Serbie et ont imposé leurs conditions au sultan; elles sont de nouveau intervenues pour la Crète, en 1869; elles interviennent encore aujourd'hui pour la Crète. Elles parlent aujourd'hui de pousser leur intervention jusqu'à imposer à la Porte leur contrôle dans son administration et dans ses finances. Cette intervention réitérée, en quelque sorte périodique de l'Europe, montre la faiblesse de la Turquie, l'état de décomposition où elle est arrivée. Ces interventions de l'Europe ne sauveront pas la Turquie; elles ne serviront qu'à prolonger son agonie.

L'avertissement que Khotschiberg avait donné dans son livre, *la Décadence de l'empire ottoman*, n'avait pas trouvé que des incrédules et des indifférents. Au siècle dernier, nombre de Turcs avaient pensé que leur empire ne pouvait plus subsister avec son ancienne organisation. Le sultan Mustapha III, qui régna de 1757 à 1774, se rendait parfaitement compte de la situation, et sentait mieux que personne le besoin de réformes. Frappé de l'infériorité de son armée et de sa marine qui, dans la guerre contre la Russie, n'éprouvaient que des désastres, il s'efforça de les mettre à la hauteur des progrès qui s'étaient accomplis dans l'Europe moderne. Un nouveau corps, celui des *Suratchis*, fut formé et tant soit peu discipliné à l'européenne, l'usage de la baïonnette introduit dans l'armée turque, une école d'artillerie et de génie, une une école de mathématiques pour les officiers de vaisseaux étaient créées et un corps de pontonniers organisé. Mustapha III avait l'esprit ouvert à toutes les idées nouvelles. Il avait résolu le percement de l'isthme de Suez et chargé le baron de Tott de faire un travail sur cet objet important qu'il se proposait de mettre à exécution. Son deuxième successeur, Sélim arriva au pouvoir avec l'idée bien arrêtée de mettre son empire à la hauteur des progrès accomplis par la civilisation moderne et entra résolument dans la voie des réformes. Il fut victime de ses bonnes intentions; en 1807, il était déposé et peu après mis à mort. Mahmoud II passa tout son règne à lutter contre l'hostilité aux innovations, et la seule réforme qu'il pût accomplir fut la destruction des Janissaires. Abdul-Medjid a eu beau promulguer, en 1839, le Hatti-chérif de Gulkané, le Hatti-Humayoum en 1856, abolissant l'ancienne distinction entre Musulmans et raïas, déclarant les Chrétiens admissibles à tous les emplois, procédant à une répartition équitable de l'impôt, organisant la justice, l'administration, donnant des garanties à la propriété, toutes ces réformes connues sous le nom de *Tanzimat* (du mot arabe *Tanzim*, ordre, organisation) sont pour la plupart restées lettre morte. Les sultans qui ont succédé à Abdul-Medjid n'ont pas été plus heureux. La seule réforme qui ait été accomplie est la réorganisation militaire. Pour toutes les autres réformes, le gouvernement de la Porte, au lieu de rencontrer des insurrections à combattre comme autrefois, s'est heurté à une hostilité incroyable, à une force d'inertie qui ont paralysé tous ses efforts. On ne saurait trop le dire : alors même que le sultan le voudrait, les réformes en Turquie n'existeront jamais que sur le papier, et on ne pourra jamais les mettre à exécution.

M. Guizot disait à la tribune, en 1845 : « Il y a deux partis en Turquie. Il y a un parti intelligent, modéré, qui croit que, pour raffermir l'empire ottoman, pour y remettre un peu d'ordre et de force gouvernementale, il faut y introduire de grandes réformes. Mais à côté, il y a un parti fanatique, le vieux parti turc, toujours porté à pratiquer l'ancienne politique, la politique violente, sanguinaire, astucieuse de l'empire ottoman. La lutte entre ces deux partis se reproduit dans toutes les provinces de la Turquie comme à Constantinople, et elle se reproduit encore plus vivement et plus déplorablement dans les provinces qu'à Constantinople. » M. Guizot était dans l'erreur. Il n'y a pas deux partis en Turquie. Les Turcs, partisans des innovations, des réformes, ne constituent qu'une infime minorité, qui ne compte pas, quelques individualités. La masse tout entière des Musulmans de l'empire ottoman, qui n'a pas d'autre cohésion que l'Islamisme, veut le maintenir tel qu'il est, et avec lui l'organisation politique et sociale qui en découle. C'est ce qu'on ne veut pas comprendre en Europe. L'on devrait cependant se rappeler ce que le ministre Ali-Pacha disait à plusieurs diplomates européens qui lui parlaient de réformes : « Nous ne pouvons toucher à quoi que ce soit de notre système social et politique ; car, si l'on détache une pierre, tout l'échafaudage s'effondrera. Notre devoir est de le soutenir aussi longtemps que possible, et pour cela d'en boucher les trous et les crevasses et d'en badigeonner les murs. » Ces paroles dispensent de tout commentaire, et, à leur appui, l'on doit se rappeler que l'alliance de la France et de l'Angleterre avec la Porte, contre la Russie, pendant la guerre de Crimée, au lieu d'amener la diffusion des idées européennes, comme on aurait pu s'y attendre, n'a fait qu'exciter au dernier point la haine des Musulmans contre les Chrétiens.

Actuellement les Turcs ont la domination, le pouvoir dans leur empire. Supposons un instant que leurs sujets chrétiens, les *raïas*, soient admis à l'exercice des mêmes droits qu'eux et que les barrières, qui séparent les non Musulmans des Musulmans, tombent ou soient supprimées, qu'arriverait-t-il ? Les divers peuples, qui existent en Turquie, affirmeraient de plus en plus leur individualité, et bientôt les Turcs, incapables de leur tenir tête, seraient absorbés par leur progrès. L'infériorité dans laquelle ils tiennent les non Musulmans, n'est pour eux qu'une sorte de rempart qui les protège. En Turquie, seuls les Musulmans sont astreints au service militaire, et il ne peut en être autrement. Il est impossible d'admettre que le sultan ait son armée, composée en partie de régiments chrétiens dont la fidélité serait plus que douteuse. Du jour où l'égalité existera, en droit et en fait, dans la Turquie, l'empire ottoman aura cessé d'exister et ne sera plus qu'un assemblage de diverses races, sans cohésion, se disputant le pouvoir. Ce sera une anarchie complète et la décomposition ne fera que s'accentuer. En voulant à tout prix conserver leur ancienne organisation politique, et se refusant à la modifier, les Turcs n'obéissent pas exclusivement à leur fanatisme, comme on se plait à le répéter, ils défendent, en quelque sorte, leur nationalité.

Il en est de même de l'organisation sociale. Chez les Turcs, ainsi que chez tout les peuples musulmans, la famille est constituée tout différemment que chez nous, et elle implique forcément l'esclavage. La femme est considérée comme un être inférieur et les idées n'ont pas varié à ce sujet. Les dames turques ont eu beau prendre quelques-unes de nos modes, et quitter, entre autres la botte jaune si disgracieuse pour la bottine que nos Parisiennes portent avec tant d'élégance, apprendre à jouer du piano, la polygamie, par suite du renchérissement des moyens d'existence, est devenue, dans les grandes villes, le monopole d'un petit nombre de privilégiés. Cependant rien n'est changé ; le harem subsiste toujours. Ainsi que par le passé, la femme est restée un être inférieur, condamnée à l'isolement et à la réclusion. D'après la loi religieuse, elle est obligée de porter un voile et de cacher toute sa figure aux hommes, excepté les yeux. Il en résulte que pour les détails du service journalier d'une maison quelconque, l'esclavage est nécessaire, indispensable. Il serait presque impossible à un Musulman de trouver une Musulmane, qui consentirait à quitter son domicile pour aller servir ailleurs. Admettons qu'il l'ait trouvée, cette servante ne pourrait jamais se présenter devant son maître que voilée, semblable à un fantôme. Quant à remplacer les esclaves par des servantes chrétiennes, les Turcs s'y refuseraient absolument, dominés par des considérations politiques. Du jour qu'ils introduiraient dans leur intérieur des femmes grecques, arméniennes ou européennes, ils savent très bien que les vieilles coutumes musulmanes disparaîtraient, et que l'émancipation des femmes s'imposerait. C'est pourquoi, ils regardent l'esclavage comme une des bases de leur système social. Pour eux, toucher à cette institution, c'est faire crouler l'édifice tout entier. Le commerce des esclaves n'a plus lieu publiquement comme par le passé, mais il continue d'avoir lieu clandestinement. Actuellement les esclaves blancs sont fournis par les Circassiens, réfugiés en Turquie, qui trouvent beaucoup plus commode de gagner l'argent, en vendant leurs enfants qu'en se livrant à la culture. Les esclaves noirs viennent de l'Afrique. C'est par milliers que, chaque année, ils sont introduits à Constantinople et dans les grandes villes.

En Turquie, le régime de la propriété est celui de tous les pays musulmans. Le sultan est le seul propriétaire du sol, et tous les sujets ottomans, quels qu'ils soient ne sont que des détenteurs. La loi musulmane reconnaît seulement le droit d'occupation individuelle fondée sur le travail, mais elle ne reconnaît pas la prescription. Il en résulte qu'une terre peut toujours être revendiquée entre plusieurs détenteurs, et que, par suite, la propriété manque de garanties. Du reste, la propriété individuelle, telle que nous la concevons dans l'Europe occidentale, n'est pas très répandue. L'institution appelée *cheffa* qui, tout en reconnaissant un droit individuel, repose sur l'idée de propriété collective, l'est bien davantage. Le domaine de l'État est considérable : il se compose des *Métroukré*, ou terres servant à l'usage public ; des *mévat*, ou terres concédées à des particuliers ; des *émirié*, terres provenant des anciens fiefs, qui sont données à des individus à titre de possession. Les *vacoufs* ou biens des mosquées sont très importants. L'on dirait que la loi musulmane s'ingénie à restreindre la production de ces terres. C'est ainsi que les détenteurs des *mévats*, des *émiriés*, des *vacoufs* ne peuvent, sans en avoir obtenu l'autorisation, mettre en culture les prairies, planter de la vigne, des arbres fruitiers, élever de nouvelles constructions. Les transactions sont sans cesse entravées, gênées. La terre d'un Musulman ne peut pas être possédée par un non Musulman. Les sultans, qui ont accompli des réformes, se sont bien gardés de modifier le régime de la propriété pas plus que l'organisation de la famille; ils ont senti leur impuissance. Du reste, ils n'y ont pas songé; à leurs yeux, comme pour tous leurs sujets, disciples du Koran, c'eût été porter une main sacrilège sur la société musulmane.

L'aperçu, que nous venons de donner de l'organisation politique et sociale des Turcs, est suffisant pour montrer à quelles difficultés se heurtera l'Europe, lorsqu'elle imposera au sultan un programme de réformes et qu'elle voudra les faire appliquer. Ces réformes ne viseront que l'administration et les finances, mais leur exécution sera presque impossible. Les grandes puissances seront obligées d'intervenir dans les affaires intérieures de la Turquie, et, pour arriver à un résultat sérieux, peut-être seront-elles obligées de procéder à l'occupation de plusieurs provinces. Il est douteux qu'à ce moment, elles soient encore d'accord. Le système de mainmise, sur des territoires turcs, qui a été inauguré par l'Autriche en 1878, serait un partage déguisé et la cause de conflits, qui, tôt ou tard, aboutiraient à une guerre générale. Supposons que les grandes puissances s'entendent, et que, par impossible, aucun intérêt particulier ne vienne troubler leur union, croit-on que le monde musulman resterait impassible? Il ne faut pas oublier que le sultan est le chef religieux, le khalife de deux cents millions d'hommes. A la nouvelle que le sultan est devenu en quelque sorte le prisonnier des puissances européennes, que les *Roumis* lui imposent leurs volontés, occupent les principales villes de son empire, peut-être même sa capitale, ces masses ne se contiendront plus, et il faudra s'attendre de leur part à une formidable explosion de fanatisme. La guerre sainte sera prêchée, et au mot d'ordre qui partirait de la Mecque, le massacre de tous les Chrétiens de la Turquie serait chose décidée. Dans tout l'empire ottoman, le sang coulera à flots. De plus, les Musulmans, qui sont sujets d'états européens, comme ceux de l'Inde, du Turkestan, de l'Algérie, de la Tunisie, du Sénégal se soulèveraient. La France, l'Angleterre et la Russie auraient alors à réprimer des insurrections, qui se renouvelleraient à chaque instant, et ce serait l'œuvre de plusieurs années. Il ne faut pas que l'Europe cherche à se le dissimuler, le jour où elle mettra la main sur la Turquie, sur le sultan, elle entrera en lutte avec l'Islam, et la lutte sera acharnée, sanglante.

La question d'Orient est de nouveau passée. Il est plus que probable que la Turquie sortira amoindrie de la crise qu'elle traverse. Mais l'équilibre, que les puissances européennes cherchent à maintenir en Orient, ne serait pas rompu parce que la Grèce aurait réuni à son territoire la Crète et une partie de l'Épire, et que la Serbie et la Bulgarie auraient pris possession de quelques lambeaux de la haute Macédoine où l'on parle serbe et bulgare. Ces petits États n'en seraient pas plus redoutables, et la Turquie n'en serait pas plus faible. Il est facile de voir que le sultan tient fort peu à la Crète, une île peuplée de *giaours*, et que, devant la volonté bien arrêtée de l'Europe, il renoncerait à toute prétention à son sujet. Ce serait commettre une erreur que de vouloir comme on le fait, ou comme on semble disposé à le faire, confondre la question d'Orient et la question crétoise.

La question d'Orient consiste pour nous dans les deux villes de Constantinople et de Salonique. Dans l'intérêt de l'Europe et en particulier dans celui de la France, il importe que les deux villes soient neutralisées. Nous n'aurions aucun avantage, bien au contraire, à voir Salonique aux mains de l'Autriche, qui fait partie de la triple alliance, et Constantinople occupée par les Russes. La Russie elle-même désire-t-elle beaucoup l'ancienne capitale de l'Empire Byzantin, qui serait pour elle une possession difficile à garder? Il ne faut pas oublier que, depuis que la Roumanie et la Bulgarie sont devenues des nations, la route européenne de Byzance lui est fermée. Constantinople a beaucoup perdu de son importance politique et commerciale, depuis le développement de Salonique. A Saint-Pétersbourg, l'on semble bien plus disposé à reculer les frontières de l'empire dans l'Extrême-Orient que sur les rives de la mer Noire. La neutralisation de Constantinople et de Salonique est aussi bien dans les intérêts de la Russie que dans ceux de la France. Cette neutralité existe en fait : il ne reste à la diplomatie qu'à la confirmer. Les Turcs sont les maîtres de ces villes ; qu'on les y laisse. Nous croyons que, pour le maintien de la paix, il est indispensable que l'empire ottoman continue de subsister en Europe, réduit, il est vrai, à la Thrace et à la basse Macédoine. Avec les Turcs, la neutralité de Constantinople et de Salonique sera beaucoup mieux assurée que par un traité péniblement élaboré par un congrès. Les philanthropes, quelques savants ou érudits nourris des souvenirs de l'antiquité grecque, versés dans l'étude des chartes, ne manqueront pas de réclamer, de protester, de dire qu'il est honteux qu'à notre époque, le Bosphore demeure *la propriété des Barbares*. Nous leur répondrons ce que le Président du Conseil, M. Méline, disait avec raison à la Chambre des Députés, dans la séance du 15 mars 1897 : *J'aime beaucoup la Grèce, mais j'aime encore mieux la France.* Nous dirons : « nous portons beaucoup d'interêt au Bosphore, à son avenir, à la ville qui est bâtie sur ses rives, mais nous portons encore plus d'intérêt à la France. »

# TABLE DES MATIÈRES

PARIS. — IMP. TÉQUI, 92, RUE DE VAUGIRARD.

## ON TROUVE A LA MÊME LIBRAIRIE

### DU MÊME AUTEUR

**L'Abyssinie et les Italiens,** 1 vol. in-12. 3 fr.

**Madagascar,** 1 vol. in-18. . . . . . . . 1 fr.

EN PRÉPARATION

**Vasco de Gama,** Histoire de la découverte de l'Amérique.

### VOYAGES ET DÉCOUVERTES GÉOGRAPHIQUES

VOLUMES PARUS

Publiés sous la direction de M. R. CORTAMBERT

**Études et Souvenirs d'Afrique. — D'Alger à Zanzibar,** par le P. CHARMETANT. 1 volume in-18. . . . . . . . . . . . 1 fr.

**Les Côtes de France,** leurs transformations séculaires, par J. GIRARD. 1 vol. in-18, avec gravures. . . . . . . . . . . 1 fr.

**L'Amérique centrale et le Canal de Panama,** par le Comte H. DE BIZEMONT. 1 vol. in-18. . . . . . . . . . . . . 1 fr.

**L'Australie,** par L. DELAVAUD. 1 vol. in-18. 1 fr.

**Nuñez de Balboa,** la première traversée de l'isthme américain, par PAUL GAFFAREL. 1 volume in-18. . . . . . . . . . . . . 1 fr.

**L'Indo-Chine française :** *Basse-Cochinchine. — Annam. — Tong-King,* par le Vicomte H. DE BIZEMONT. 1 vol. in-18. . . . . . . . 1 fr.

**A travers le Sahara. — Les Missions du colonel Flatters,** d'après des documents absolument inédits, par J.-V. BARBIER. 1 v. in-18. 1 fr.

**Le Canada,** par PAUL CHAMPION. In-18. . . 1 fr.

**La Corée,** histoire, géographie, usages, mœurs, coutumes, par P. TOURNAFOND . . . . . 1 fr.

PARIS. — IMP. TEQUI, 92, RUE DE VAUGIRARD.

www.ingramcontent.com/pod-product-compliance
Ingram Content Group UK Ltd.
Pitfield, Milton Keynes, MK11 3LW, UK
UKHW022013170726
13837UKWH00001B/162

9 782019 912208